世界史の針が巻き戻るとき

「新しい実在論」は世界をどう見ているか

マルクス・ガブリエル 著
Markus Gabriel
大野和基 訳
Ohno Kazumoto

PHP新書

本書は、日本の読者に向けて独占ロングインタビューを行い、刊行されたものである。インタビューはドイツ・ボン大学のマルクス・ガブリエルの研究室で行われた。

はじめに――編集部より

「世界で最も注目を浴びる天才哲学者」

「新しい哲学の旗手」


いずれも、本書の著者、マルクス・ガブリエルに冠せられる言葉だ。

二九歳という史上最年少の若さで、二〇〇〇年の歴史を誇るボン大学の哲学科・正教授に抜擢されたガブリエル。彼が提唱する「新しい実在論」は今、大きな注目を集めている。

「新しい実在論」は、「ポスト・トゥルース（ポスト真実）」という言葉が広がり、ポピュリズムの嵐が吹き荒れる世界に応答する形で生まれてきた、新しい哲学である。

すべてがフラットになり、ありとあらゆる情報が氾濫し、何が真実なのか、そもそも真実など存在するのか、わからなくなった現代。マルクス・ガブリエルというヨーロッパの新しい知性は、そうした現代の危機に対し「真実だけが存在する」と喝破する。さらに、我々が依って立つべき「普遍的な価値」は厳として存在するのだ、と――。

新しい哲学が描き出す、針が巻き戻り始めた世界とは

本書のタイトルにもある「世界史の針が巻き戻っている」というフレーズは、マルクス・ガブリエル自身から出てきたものであり、本書中でもたびたび登場する。

神は死んだ。近代という「壮大な約束」も死んだ。こうした「死」を経た我々は、錨を失って漂う船のようになってしまったと言える。

そして今、「古き良き十九世紀の時代・国民国家の時代に戻ろうとする動きが力を増している」とマルクス・ガブリエルは言う。

我々編集部は、二十一世紀に起こりつつある、この「世界の危機」について彼との対話を試みた。編集部のもう一つの狙いは、「新しい実在論」が、今を生きる私達にどのような変化をもたらすのかを描き出す点にある。「新しい実在論」から世界を見通したとき、その先に結ばれる現在・未来の像はいかなるものなのか。いわば、ガブリエルが掲げる「新しい実

在論」という松明《たいまつ》の光で、世界の大問題を照射する試みである。

取材・翻訳においては、難解な哲学用語を極力使わず、可能な限り日常の言葉での対話を心がけた。そのため、日頃哲学書に慣れ親しんでいない読者でも、スムーズに読み進めていただけるだろう。


本書では、「五つの危機」を扱っている。すなわち、「価値の危機」「民主主義の危機」「資本主義の危機」「テクノロジーの危機」、そしてこの四つの危機の根底に横たわる「表象の危機」である。


本論に入る前に、本書の概略を紹介させていただきたい。

第Ⅰ章「世界史の針が巻き戻るとき」では、現在起こり始めている、時計の針が巻き戻る動きについて論じている。

第Ⅱ章「なぜ今、新しい実在論なのか」では、本論に入る前のイントロダクションとして、「新しい実在論」についてのダイジェスト解説を行っている。

第Ⅲ章「価値の危機」では、絶対的なものを見失い漂流する現代において、「普遍的な価値」をどう捉えるべきか、ニヒリズムに陥らないためにはどうしたら良いのか、という議論を行っている。また、日本が果たすべき役割についても言及する。

第Ⅳ章「民主主義の危機」では、民主主義の「遅さ」に注目する。さらに「多様性を肯定する際に、多様性を否定する人も肯定するべきか?」といったパラドックスを哲学的に鮮やかに解決していく。

第Ⅴ章「資本主義の危機」では、グローバリゼーション、広がる格差など、現在の暴走する資本主義がはらむ「悪の潜在性」を読み解き、その解決策を提示する。「コ・イミュニズム」、モラル企業、グランドセオリーなど、ガブリエルのユニークな提案が次々と登場する。

第Ⅵ章「テクノロジーの危機」では、「人工的な知能など存在しない」「我々はGAFAにタダ働きさせられている」など、舌鋒鋭い意見が展開される。また、日本を「優しい独裁国家」と称し、警鐘を鳴らす。

第Ⅶ章「表象の危機」、そして最後の「補講　新しい実在論が我々にもたらすもの」では、より哲学的な議論へ踏み込んでいく。前述の四つの危機が起きているのは、我々が「表象」との間に正しい関係を取り結べていないからに他ならない。また、前章までの議論を踏まえ、「新しい実在論」が世界をどう見ているかの回答がなされる。
「時計の針が巻き戻り始めた時代において、新しい実在論は新しい解放宣言だ」と言い、「新しい実在論は、未来に向かって考える哲学だからね」と微笑むガブリエル。
本書を読み終えたあと、あなたの目に映る世界は大きく変わっているかもしれない。

なお、本書は、訳者の大野和基と、担当編集の大岩央とで行った、英語でのロングインタビューを編集する形で刊行している。そのため、補足としての原語表記は基本的に英語で統一している。新しい実在論に関する訳語は、マルクス・ガブリエル『なぜ世界は存在しないのか』（講談社選書メチエ・清水一浩訳）をベースとした。また、翻訳においては、大井美紗子氏の協力を得、セバスチャン・ブロイ氏の監訳をいただいた。注釈はセバスチャン・ブロイ氏の助けを得ながら、編集部で作成している。

大野和基＋編集部

※本書中のユーロ表記は1ユーロ約120円(2020年1月時点)として換算している。

世界史の針が巻き戻るとき

目次

第Ⅰ章　世界史の針が巻き戻るとき

第Ⅱ章　なぜ今、新しい実在論なのか

第Ⅲ章　価値の危機　非人間化、普遍的な価値、ニヒリズム

価値の闘争はまだ続いている
冷戦は終わっていない

第Ⅳ章　民主主義の危機

コモンセンス、文化的多元性、
多様性のパラドックス

第V章　資本主義の危機　コ・イミュニズム、自己グローバル化、モラル企業

第Ⅵ章　テクノロジーの危機
「人工的な」知能、ＧＡＦＡへの対抗策、優しい独裁国家日本

第Ⅶ章　表象の危機

ファクト、フェイクニュース、アメリカの病

補講　新しい実在論が我々にもたらすもの

第Ⅰ章　世界史の針が巻き戻るとき

十九世紀に回帰し始めた世界

ヨーロッパは崩壊に向かっている

今日、移民問題や財政問題などを契機に、ヨーロッパではまさに「国民国家の復活」が起きています。ＥＵ（欧州連合）の問題は、多くの極端に異なる文化があることです。中国でも各省で文化が異なっているという状況がありますが、グローバル・コンセプトの下にそうした差異がＥＵよりも巧妙に隠されています。ナポレオンやヒトラーなどによって、ヨーロッパを一つの大きな文化に統一しようとした試みは、これまでもすべて失敗に終わりました。現在のヨーロッパは完全な崩壊状態にあります。

実はＥＵが国民国家を超えたコンセプトを提示したことは、一度もありません。ほとんどの国が経済上、軍事上の関係でつながっている弱い構造です。国民国家というアイデンティティは、フィクションとナラティブ（物語）によるところが大きいのですが、それらが幻想（illusory：偽物だが本物のように見える）なのは、間違いありません。われわれは完全な幻覚と愚かさの時代に生きている、ということです。

国民国家もそうした愚かさの一つの形ですが、フランス、ドイツ、イタリア、ポーランド、ハンガリーなど、**どの国の文化も古い型のモデルに戻ろうとしています**。ただ、誰もそのことを口にしません。ドイツ政府は、アンゲラ・メルケル首相がトップに位置する進歩的な国であり、完全にオープン・マインドの国だと見せ掛けています。ポピュリスト政党は一七％の支持率があるものの、その影響は縮小している。しかし、ドイツの内実は、古いプロイセン主義の統治モデル[※1]に戻りつつあります。

何が理由であれ、古き良き十九世紀の歴史が戻ってきています。こうした動きは、ＥＵ離脱を進めるイギリスだけでなく、ＥＵのあちこちで起きています。フランスも例外ではありません。ヨーロッパの国民国家は、本当の意味でその地位を捨てたことはありません。ドイツとフランスは、たとえばアメリカのミズーリ州とノースダコタ州が協力するような形で協力したことはない、ということです。

十九世紀はヨーロッパの最盛期でした。地球の覇者として、非常に成功していたのです。

ヨーロッパは戦争への応答として生まれた

まず、今日のヨーロッパの始まりについて考えましょう。社会システム、政治システムという意味での今日のヨーロッパは特にEUに見ることができますが、いろいろな要素の中でも第二次世界大戦という、外部から強要された事象への応答として生じたのがヨーロッパなのです。いわばアメリカの植民地化によって生じたものです。

多くの人は、ヨーロッパこそが他の国を植民地化していると思っています。しかしシステムという意味でのヨーロッパは、アメリカのソフトパワーによって植民地化されています。我々が観るネットフリックスなどは、植民地化された空間です。第二次世界大戦後に我々が目にしているものは、植民地の脈絡です。新しい（アメリカの）植民地が数多くできました。

植民地化された空間になったヨーロッパがさらに他の国を植民地化し始め、それは今も続いています。

今日、EUとそれぞれの地域の当事者は、十九世紀のモデルを振り返り、そこに戻ろうとしています。たとえば十九世紀、ドイツの大学システムは皇帝によって特別に整備されたのですが、その目的はドイツ人にノーベル賞受賞を独占させることであり、実際、そうなりました。量子力学などの物理学の理論が発展したのは、そういうわけです。

その発展をもたらしたのは誰でしょうか。ずばり言うと、それはドイツの皇帝です。彼がそのシステムを作ったからです。ドイツ随一の学術研究機関であるマックス・プランク研究所は、前身はカイザー・ヴィルヘルム協会といい、設立した皇帝の名前がつけられていました。アインシュタインを雇用したこともあると思います。これが十九世紀のヨーロッパの大成功です。[※2]

フランスにも似たような話があります。数学者であり理論物理学者のアンリ・ポアンカレは有名ですが、そこから哲学者のアンリ・ベルクソンにつながり、ジャン＝ポール・サルトルらが輩出されました。サルトルは一九六四年、ノーベル文学賞に選出されましたね。受賞は拒否しましたが。

このモデルを、アメリカがさまざまな手法を用いて乗っ取りました。ドイツの大学システムを模倣して、資金をつぎ込み、よりよい形に改善しました。戦後ヨーロッパからの移民を受け入れ、ノーベル賞を独占するようになりました。ヨーロッパの十九世紀を、新しい土地で繰り返したのです。そして当のヨーロッパも、今その十九世紀に戻ろうとしています。

国家規模の「擬態」が起きている

一般的に言うと、グローバルな領域で我々が今目《ま》の当たりにしているトレンドの多くは、**擬態**（生物が攻撃や自衛などのために、体の色や形などを、周囲の植物・動物などに似せてカモフラージュすること）の形を持っています。最初に始めたのはアメリカです。十八世紀初期頃から、アメリカはヨーロッパのようになっていきました。彼らの言語はヨーロッパ言語の一つである英語であり、建築も、大きさ以外はヨーロッパ的でした。旅行者の目に、アメリカはまるでヨーロッパ・バージョンの外国のように映ったでしょう。もちろん見かけだけで、実質は違ったのですが。

そして、アメリカ独立戦争の火ぶたを切ったボストン茶会事件（一七七三年）によって、アメリカは「自分たちは正確にはヨーロッパではない」と表明しました。それどころか、今までも決してヨーロッパではなかったと言ったのです。

考えてもみてください。今までヨーロッパのように見えていたのに、実質はまったく新しいシステムだったということです。生物学的擬態のように、体を乗っ取られたようなものです。もっと身近な例でたとえると、あなたのパートナーが実は侵略者だったということです。パートナーの体は実は替え玉だったという、生物学的な戦略が使われていたのです。

さらに最近、我々が目の当たりにした大きな擬態は、中国です。中国は今、かなりパワフルな国です。アメリカの目からも、アメリカのように見えるほどです。上海の浦東新区を見てください。上海のスカイラインは、マンハッタンの擬態です。マンハッタンよりも大きく、華やかで、強い印象を与えますが、アイデアはマンハッタンと同じです。

その擬態の裏で、中国は独自のゲームをしています。毛沢東思想を新しい方法で実践しているのです。それが発展して習近平のイデオロギーになりました。習近平のイデオロギーというのは、次章で述べるように物質主義なのですが、独自の傾向も持っています。ファサード（フランス語で「見せかけ」の意）があり、そのファサードの後ろで誰かが攻撃を行っています。トロイの木馬式の擬態戦略です。アメリカがヨーロッパに対して行ったのはまさにこの擬態戦略であり、それと同じことを中国はアメリカに対して行っているのです。こういうことが、現在グローバルな力になっています。

日本もそうです。東京の街は、一九九〇年代のマンハッタンを改良したバージョンのようになりました。皇居から望む東京の摩天楼には、一九九〇年代のモダニティ（近代性）を支配しようとする日本の意思が体現されていたのです。

中国の大都市や他のもっと派手なところと比較すると、現在の東京の超高層ビル群はそこまで垢抜けていません。完全に管理されていて、すこぶる官僚的に見えます。でも当時は、まるで未来を見ているようでした。マンハッタンへの擬態は、もちろん大成功でした。

日本はいまだに、最もハイレベルな文明の一つとして、この擬態の状態から利益を得てい

ます。しかも経済的不公平は信じられないほど少ない。見事です。ただ、その姿は擬態です。すべてが擬態を使ってうまくいっている。リアルは覆われ、他の姿に見せかけられているのです。

ここでヨーロッパが登場します。**ヨーロッパが近年行っているのは、ヨーロッパのように見せかける擬態**です。ここで用心しなければいけないのは、ヨーロッパがそっくりヨーロッパのように見えるのなら、ヨーロッパはゲームに参加していないのではと思ってしまうことです。どこに擬態があるのかと。中国の擬態でも、アメリカの擬態でも、役者の正体は見破ることができました。でもヨーロッパはというと、彼らが演じているのはヨーロッパ自身なのです。だからドイツ人もフランス人もイギリス人も、同国人同士でいざこざを起こしているのです。これらはすべて十九世紀から見られるパターンです。国民国家が国の中で起こっている出来事を説明するのに、非常に似た語彙を使って、さまざまな役割を持って、お互いに戦っているのです。しかし、これは擬態です。ヨーロッパは舞台裏で、まったく異なったゲームをしているのです。

ヨーロッパやEUが「ヨーロッパ新聞」のような媒体を持っていないのは、偶然ではありません。テレビに関して言えば、スポーツ・チャンネルは一つあると思います。でも新聞はありません。それぞれの国の全国紙はありますが、ヨーロッパ新聞はありません。なぜでしょうか。これが擬態だと思います。ヨーロッパは、ここがヨーロッパであるように訪問者に見せたいのです。

イタリアの果たす役割は、まさにそうなっています。イタリアに行くと、そこは巨大な博物館です。中で何が起きているかはわかりません。イタリアはすこぶる社会的に革命的なところです。シルヴィオ・ベルルスコーニ（イタリアの元首相）のような悪いアイデアも、良いアイデア・パワフルなアイデアも、イタリアからはたくさん出てきます。しかし、それらは目に見えません。イタリアはトスカーナ州のように古き美しき場所であると人々が思っているからです。これがヨーロッパ人たちの戦略です。ヨーロッパのように見えて、ヨーロッパではないのです。

誰も真実を求めなくなった時代

今、世界には人の認識を操作するビジネス（manipulation business）がはびこっています。各国のアクター（行為者）たちが、まったくでたらめの自己アピールをしているのですから。

たとえば、我々はどうしても、ソーシャル・ネットワークというとアメリカのＷＡＳＰ（ワスプ、プロテスタントのアングロサクソン系白人）に結びつけて考えてしまいます。彼らがソーシャル・ネットワークを代表しているのだと。

しかし、世界を旅すると、どの国も日本車かドイツ車いずれか、もしくはその両方で占められていることがわかります。最近私が出張で訪れたブエノスアイレスは日本車とドイツ車の両方で占められている都市の好例で、トヨタもフォルクスワーゲンもたくさん走っています。このような場所から多くのパワーが生まれていますが、それは可視化されません。我々の目に見えるのは、テスラ（アメリカの最先端高級車）のイデオロギーや、経済パワーを発散しているフェイスブックです。実際には、車としてのテスラの性能はメルセデス・ベンツに比べると惨憺《さんたん》たるものです。

にもかかわらず、多くのヨーロッパ人――もちろん、アジア人も――が生産にかかわっている状態は可視化されません。ドイツ出身のピーター・ティール（ペイパル創業者であり、著名投資家）や、グーグルで自動運転車の部署にいたセバスチャン・スランを見てください。スランはボン大学でコンピューターサイエンスを研究し、博士号を取得しています。

このように、アメリカ西海岸というイメージからは思い浮かばない、多くの人々の存在があるのです。

リアリティの形が変化している

私が言いたいのは、ＷＡＳＰたちがアメリカ西海岸を表象している、ということです。彼らがアイデアの源泉であるわけではありません。もちろん、いくつかは彼らの発案でしょうが。彼らには構造的なパワーがあるのです。たとえばフェイスブックの創業者であるマーク・ザッカーバーグはハーバード大学出身ですね。強力な構造的パワーを持っています。そのために、一つのアイデアだけで大成功したのですから。しかし、擬態の壁の裏で糸を引く人たちからのインプットがなければ、そのアイデアもまったく実現しなかったでしょう。

信頼性の低い情報で世界はあふれています。書き手の知識が足りないから信頼性が低いというわけではない。**そもそも情報の前提から問わないといけない**のです。リアリティの形は、変化している。日々、より複雑になっている。これがまさに世界で起きていることなのです。

このことはすべて隠されていて、我々の目には見えません。我々の報道機関は、昔ながらの紙メディアであれソーシャル・メディアであれ、リアリティを著しくゆがめて伝えています。誰も真実を求めないからです。

そこで重要なのが、「新しい実在論」なのです。**「新しい実在論」はすべての人間を力づけます**。真実を求めるからです。もし皆が本当に起きたことは何なのかと問いただせば、メディアの反応は変わらざるを得ません。メディアは最初から我々を支配しようとしているわけではありません。彼らが我々を支配するのは、我々が支配を受けやすくしているからです。メディアの支配は攻撃ではなく、我々への提案なのです。

時計の針が巻き戻り始めた世界における「新しい解放宣言」

新しいメディアよ、出でよ

時計の針が巻き戻り始めた世界において、「新しい実在論」は、新しい解放宣言です。特に我々はソーシャル・メディアから自分自身を解放しなければなりません。ソーシャル・メディアなどは、純然たる擬態です。ソーシャル・メディアは社会であるかのように見えますが、実際は違います。この二十一世紀という時代にリアルなものへ回帰するためには、いろいろな戦略を見つけ出さないといけません。私は今、ありとあらゆる種類のゲリラ戦術を探っています。でも一人でやっているのではなく、大小さまざまな企業と組んで問題解決に取り組んでいます。

もっと具体的にいうと、「新しい実在論」が教えてくれるのは、我々にはまったく新しいメディア政治が必要であるということです。**時計の針が戻り始めているという事実は、明らかにメディアが大きな過渡期を経ていることの現れ**です。すべての事象はそこに帰結します。私にとっても最重要課題です。我々が今やらなければならないのは、メディアを変えること、新しいインターネットのような、既存の形とまったく異なるメディアを創造すること です。

それには、インターネットの規制を強化し始めるだけでは、不十分です。今のインターネットは民主的な形を成していないことを忘れてはいけません。インターネットには法廷がなく、権力の分立もありません。こうした民主主義の基本構造は、どの面からもインターネットにおいてはまったく実践されていません。だから民主主義社会の外からもインターネットにアクセスでき、攻撃できるのです。

北朝鮮はドイツの法廷をハッキングすることや、ドイツの裁判所の判決に実際に介入することはできません。しかし、もし北朝鮮がフェイスブックに干渉したとすれば、それについて誰も何の対策も講じることはできないのです。グーグルの検索アルゴリズムについても同じです。皆が思っているほどそれらは安全ではないのです。もちろん運営側は安全に維持することには長けていますが、完全ではありません。インターネットに「完全」はありません。基本的には数学ですから。

インターネットというのは基本的に、お互い解読できないように情報を暗号化する数学のシステムです。ですから、暗号化されたものは解読することができます。それがデジタル時代の原則です。完全なファイアウォールはありません。そんな状態で、非民主的なグローバルメディア空間ができています。その空間が、我々の主な情報源になっています。例外なく、皆そうです。

我々は皆、ウィキペディアでいろいろと調べます。ウィキペディアは不完全であり、偽情報も含まれている。そうわかっていても、物事を大雑把に知りたい場合は使います。たとえば天皇について知りたいと思ったとき、私はまずウィキペディアのページをクリックしますが、天皇に関してのざっくりした情報は得られても、良質な理論を得ることはできません。それがインターネットのやり口なのです。ネットは我々にゆがめられた情報を植え付け、我々の知性を蝕みます。

インターネットは民主的ではない

インターネットにおける民主主義について、私自身の経験から非常に単純な例を挙げましょう。ルーマニアに、ガブリエル・ヴァカリウというクレイジーな哲学者がいます。二〇一四年ごろ、彼から「マルクス・ガブリエルは自分のアイデアを盗用した」と訴えられました。彼は、盗用について世界中のメディアに拡散しました。実際には、まったく事実無根の言いがかりだったのですが。なお、彼のホームページを見ると、一〇〇人以上もの人物を盗用で訴えています。ほとんどがノーベル賞受賞者で、ノーベル財団に書簡を送り、自分にノーベル賞を二〇ほど与えるべきだ、と主張しているそうです（笑）。

この問題について、ウィキペディアの私のページには長い期間〝controversy（論争）〟というタイトルで独立した項目がありました。私の担当編集者が大学からの書簡をもって「論争」などないことを証明しても、ウィキペディアは「論争」と銘打たれた項目を削除しませんでした。大学からの書簡は、法的に拘束力があります。民主的な正確さをもって盗用はゼロであることを証明したものです。でも、その書簡はオンラインにはアップされていませんでした。官僚的に作成された紙の情報だったので、ウィキペディアは参考文献として使用することができなかったのです。

最終的には私が大学からの書簡をオンライン上に載せ、ようやくウィキペディアの項目は削除されました。削除できるのはウィキペディア当局だけです。

ウィキペディアだけでなく、**インターネットはすべてがその機能において反・民主主義的**です。先人たちが民主主義的に格闘し、獲得したものを、じわじわと弱体化させているからです。

インターネットがリアルの世界、ノン・バーチャルの世界にもたらした影響は計り知れません。ロンリープラネット（紙のガイドブック）ではなくウィキペディアを使い、その結果特定のミュージアムに足を運ぶというようなノン・バーチャルな行動、現実における行動が、実際は我々に有害なパラメーターによって、支配されているのです。

しかし、この行為を止められる裁判官のような役割の人間は、オンライン上には存在しません。インターネットは完全に非民主的な環境です。**インターネットこそが民主主義の土台を揺るがしている**のです。人々がポピュリズムと思っているもの、民主主義大国で非民主的な意思決定が明らかに増大していることは、単にリアルな世界がデジタル時代と似通ってしまっただけのことなんです。リアルとデジタルが、ずいぶん簡単に直接結びついてしまったのです。

本書では、今我々に起きている危機――価値の危機、資本主義の危機、民主主義の危機、テクノロジーの危機――の現状を解説して解決策を探りたいと思っています。そして、ここに挙げた四つの危機は、私が「表象の危機」と呼ぶものに集約することができます。表象の危機とは、ここまでで論じた、イメージによって真実が覆い隠されている状況のことです。そこで、四つの危機を論じた後に、表象の危機についても論じていきます。まずは私が提唱する「新しい実在論」についてのイントロダクションを行い、次に「価値の危機」から議論していきましょう。

【注】

※1　立憲君主制でドイツを統一したプロイセン王国の統治方法を指す。

※2　こうした一連の動きは、より正確には第一次世界大戦（一九一四〜一八）までに起きている。ガブリエルが称している「十九世紀」は、単なる年号のうえでの十九世紀というよりも、第一次世界大戦までの啓蒙主義の時代を指していると思われる。

第Ⅱ章　なぜ今、新しい実在論なのか

新しい実在論とは何か

「世界は存在しない」の意味

まず、私が提唱する「新しい実在論」（New Realism）について、本書の読者に向けて簡単に説明しましょう。「新しい実在論」は、二つのテーゼが組み合わさってできています。まったく次元が違う二つを組み合わせているため、革新的で、哲学界の歴史においては初めて提唱される考え方です。

二つのテーゼとは何か、それぞれ見てみましょう。

一つ目は、「**あらゆる物事を包摂するような単一の現実は存在しない**」という主張です。「世界は存在しない」[※1]という有名なスローガンにもなりました。現実は、いわゆる「意味の場」と呼ばれる場所に現れます（後に詳述）。「意味の場」は複数あり、それぞれ領域は違えど、すべてが同等に現実となります。たとえばさまざまな数字やフェルミ粒子、ボース粒子、テレビゲーム、日本文化、正義――これらはそれぞれの意味の場に現れます。自分が見る夢、自分の感情、そして宇宙や過去、未来も、すべてが現実です。複数の現実があるということです。ただ、「これらすべてを包摂する現実」というものは存在しません。

さらに、これら複数の現実が合わさって、宇宙のような統合された全体を構成するというわけではありません。たとえば、テレビゲームは宇宙の一部ではありません。確かにテレビゲームをプレーするためには宇宙も物理的な材料も必要ですし、エネルギー的な話をするならミクロやメゾスコピック（ミクロとマクロの中間に位置する領域を指す物理学用語）な事象も必要です。しかし、テレビゲームという現実を、宇宙という別の現実へ還元することはできません。

現実は一つではない

ですから、私の第一の主張は「**現実は一つではなく、数多く存在する**」ということになるのです。複数の現実を一つの現実に還元することはできません。意識レベルでも、物質レベルでもそうです。そうした見方はすべて間違っています。形而上学[※2]の歴史を完全否定することになりますが、ともかくこれが第一の主張です。

第二の主張も、一番目と同じくらい重要です。「**私たちは現実をそのまま知ることができる**」という考え方[※3]です。なぜなら、我々はまさにその現実の一部であるからです。私が自分の精神状態を知ることができるのは、自分がまさにその精神状態そのものだからです。私は今、ドイツのボンという都市にいるので、私が今ボンにいるという現実を知ることができます。ある程度数学を勉強したから数字について知ることができるし、任天堂のゲームをやったことがあるからスーパーマリオについてある程度知ることができる。こういう現実は、すべて「知ることができるもの」です。本質的に知ることができないものや、現実について隠されたものはありません。これが第二の主張です。

第一の主張は、存在論的《オントロジー》なものです。存在するもの、無限に存在する多くの現実の領域について述べています。第二の主張は、我々はその一つ一つの現実について原則上知ることができるという、認識論上の主張です。たとえば地球から一四〇億光年進もうとすると、どの方向に行ってもいつかは情報の壁にぶつかってしまいます。宇宙の膨張についてなど、まだ解明されていないことが多いため、情報が後退しているからです。事象の地平線（光すら到達できない距離で、人間が情報を得られる境界線を指す物理学の概念）を超えると何も知ることができなくなってしまうというのは、まぎれもない事実です。しかし、原則として知ることができないという意味ではありません。もし誰かが何らかの方法でそこまで到達する（事象の地平線を超える）ことができれば、そこに何が存在するか知ることができます。現実は逃げも隠れもしません。それが第二の主張です。

「新しい実在論」が注目を集める理由

では、なぜ「新しい実在論」が、今こんなにも注目されているのか。

一つは、それが二十一世紀の、真に哲学上の新発見であるからです。耳目を集めている理由について、社会経済的な側面からの説明はいろいろつけられますが、端的に言えば「新しいから」という理由に尽きるでしょう。ニーチェは「二〇〇〇年間議論しても新しい神は出てこない」とかつて言いました。二〇〇〇年、もしくはそれ以上の年月を経たので、哲学的空間が使い尽くされて議論の余地がなくなったんじゃないかと思う人もいたかもしれませんが、実際は違いました。ついに新しい知見が出てきたのです。

二つ目の理由としては、この新しい知見が、社会経済的、歴史的にいま現実に起きていることと基本的に共振するからです。**「新しい実在論」はデジタル革命の結果として出てきた知見**です。この四〇年から五〇年の間、世界は完全にデジタル化され、デジタル化というプロセス全体が、現実をすっかり変えてしまいました。量子力学と相対性理論が我々の宇宙に対する見識を変えたのと同じように。

存在するもの・しないものに対する我々の認識は、デジタル化によってすっかり変わりました。人間は自分たちの住む現実に対応するべく、絶えず新たな精神的現実を作り出してきたからです。そして「新しい実在論」こそ、それに応える最初の哲学になります。**ポストモダン以降、初めてできた新しい哲学**です。

実際に起きていることに対応しているため、信じられないほど役に立ち、普遍的でもあります。加えて「新しい実在論」は、社会や文化といった条件に規定されているわけではありません。ドイツ的なものは一切ありません。たまたま（当時）ドイツの大学に雇われていた、一介のドイツ人哲学者である私が提唱しただけのことです。これも非常に重要なことだと考えています。

読者が日本人でも、中国人でもインド人でも、私が著書で提示したのとまったく同じ考えを持つでしょう。人間性の点では、その知見を提示した著者と、それを批評する人の間には何の違いもありません。真に普遍的な哲学であり、ドイツ人に訴えるドイツの古典的哲学ではないのです。

リアルとバーチャルの境目があやふやになった世界で

さらにもう一つとても重要な要素があります。このデジタル時代において、我々は現実との接触を失う経験をしています。バーチャルなソーシャルネットワークや、ポピュリスト政治、北朝鮮や習近平など独裁主義者の嘘……。事実や真実と我々の関係における、この時代の変化全体がそうです。現実と非現実の境界線がぼけているのです。

「新しい実在論」によって、リアルとバーチャルの境界線が再び明確になるのです。境界線がぼけていることは現代のイデオロギーです。事実とフェイクの境界線、フィクションと事実の境界線などがぼけているという考えは、ポストモダンの哲学的思考の結果生まれたものです[※4]。

そして今世紀に何が起きたかというと、右派政党が哲学左派の哲学的ジャーゴン[※5]を乗っ取ったのです。簡単に言うと、一九九〇年代のフランスの理論や世界中で起きた他の理論が、保守的なイデオロギーという袋の中に一緒くたに入れられてしまったということです。

ドナルド・トランプは、いわばニーチェです。現代のニーチェ主義者の問題とは、そういうことではないでしょうか。トランプはニーチェの言う「超人」なんです。

ドナルド・トランプと習近平の登場は、近代のテクノロジー的、かつ哲学的なプロセスを経た、必至の所産です。彼らは、ニーチェや九〇年代のジャン・ボードリヤールのような人の著作物に書かれているすべてのことを現実にしてきました。

ボードリヤールは著作“Amérique”（邦訳『アメリカ――砂漠よ永遠に』）の中で、いずれアメリカでは、髪型で印象が決まるような大統領が出てこざるを得ないだろうとまで言っています。ドナルド・トランプが登場するよりずいぶん前に、彼はこのことが早晩話題になるだろうと述べていたのです。

そして習近平は毛沢東のバージョン2・0、あるいはバージョン4・0と言えます。毛沢東が夢見ていたかもしれない共産党独裁主義の完成は、デジタル・コミュニケーション・テクノロジーの助けもあり、習近平によって成就されました。

我々が今ポピュリズムや独裁主義の形で目の当たりにしている現象には、まだいい呼び名がついていませんが、政治タイプの変化として多くの人が経験していることは、このリアルとフェイクの境界線の脱構築（deconstruction）に深くつながっています。繰り返しになりますが、この境界線を再度明確に引くのが「新しい実在論」です。「新しい実在論」は、現代イデオロギーへのもっとも痛烈な批判になります。

伝統的に、哲学は権力の座についている者に哲学的な批判をしてきました。近代に起きた「批判理論」がそれです。ドイツの例で言えば、テオドール・ルートヴィヒ・アドルノ＝ヴイーゼングルント[※6]やユルゲン・ハーバーマス[※7]を思い出してください。しかし、権力の何が問題かというと、それが哲学的な権力になっていないことです。「新しい実在論」は、政治に対抗して絶えず苦闘を続ける哲学、という概念ではありません。「新しい実在論」は、新しくグローバルに協力し合おうじゃないか、という提案です。それも、「新しい実在論」が新しいと言えるゆえんです。

「意味の場」とは?

「新しい実在論」において重要な概念である「意味の場」についても簡単に解説しましょう。「意味の場」とは、特定の解釈をする際、対象をいかにアレンジメント(配列)するかということを意味します。たとえば、我々が今図書館にいるとしましょう。図書館でどうやって本を探すかという視点から、「意味の場」について説明することができます。あなたは本の冊数をどのような方法で数えますか? 一冊、二冊、と数えますよね。本は一冊ずつ分けることができるからです。一冊、二冊という数え方は、今我々が置かれている状況に対する、筋の通った測定システムです。我々は今図書館にいる、だから本の冊数を数えようということです。

しかし、デジタル時代ではこの数え方が異なります。本の冊数だけではなく、ジャンル数を数えることも、本のページ数を数えることもできます。本の生産に使われる材木の量も計算の対象になります。本は劣化してくるという事実も考慮に入れたらいいでしょう。書物の劣化状態を測定することもできます。

今述べたことを特別にする（本の数え方を「冊数」と決める）ような性質は、我々が置かれている状況（図書館）には備わっていません。本のページ数、文字数、情報の数、本を寄贈した組織数、生産した組織数——我々が置かれている状況（図書館）では、すべてが真実です。それぞれ異なる測定のルールを使っているだけのことです。この測定のルールを、私は「意味」と呼びます。言語学で言う意味論の「意味」です。[※8]

これらの「意味」は、人間の精神からは完全に独立した存在です。ですから、人間の精神がすっかり絶滅しても、銀河やフェルミ粒子は存在し続けるでしょう。書物は劣化します。人間がいなくなれば、その何十年後かに書物も消えてなくなります。しかし、たとえ人間がたった今完全に消滅してしまったとしても、書物や数字、情報は残り、変わらず分類することができるでしょう。

「三つの立方体」を新しい実在論ではどう数えるか？

もっと単純な例を挙げましょう。テーブルに、青と白と赤、三つの立方体があると想像してみてください。そこに誰かがやってきました。テーブルにいくつ物体があるかと尋ねたら、その人は恐らく立方体の数を数えて「三つ」と答えるでしょう。しかし、もしそれが理論物理学者のヴェルナー・ハイゼンベルクだったら。彼は原子の数を数え、けた外れの数字を言うでしょう。

あるいは、フランスの大統領がやってきたら、「一つ」と答えるかもしれません。三つの色を一つにするとフランスの国旗を表すという理由で。はたまた、立方体の面を数えることもできます。すなわち、あなたが数えるものが「意味」になるのです。「意味」を決めれば、問いに対する決定的な答えが出てきます。立方体はいくつあるかという問いに対しては、答えは「三つ」です。オープン・クエスチョン（回答の範囲を制限しない問い）にはなりません。

ですから、立方体や人、都市など、存在している物体が問いに対する答えになります。実際に存在しているものが、常に答えになるのです。**問いが「意味」であり、答えが「場」で**

す。対象は「意味の場」にあるのです。**対象の本質が、問いへの答え**だからです。

すべては同等にリアルである

ということは、まずその数え方を定義しなければならないということです。私はそれを**計数ルール**（a rule of count）と呼んでいます。すべては「何に関心があるのか？」という問いから始まります。ドイツのボンという都市について考えてみてください。あなたはボンを都市として捉えている。でも、あなたの都市に対するコンセプトと私のそれはおそらく異なります。たとえばドイツ人は、都市というものを住民の人口という視点から考える傾向にあります。それがドイツ人の都市観です。

東京を訪れるドイツ人がまず知りたがるのは、東京の人口です。でも、東京の人は違います。東京の正確な人口など、ほとんどの都民は知らないでしょう。そして一口に「東京」といっても、さまざまな意味があります。東京はどこで始まりどこで終わるのか、東京の境界線をどこに引くのか。人口を調べるときにはその基準が重要になり、境界線をどこに引くかによって、導かれる数字もかなり異なります。東京の人口という一つの数字を知ろうとするだけで、東京の全システムを理解することにつながるのです。得られる答えは一つだけで、その他関連する答えが次々得られるわけではありません。しかし、都市のコンセプトを知ることは、モノを数えたり、現実《リアリティ》を見たりするのに役立つということです。

「新しい実在論」が今述べているのは、「特権的な、一連のコンセプトはない」ということです。現実を表現するのに使われるコンセプトは、すべて同等にリアルであるということです。ボンの例に戻ると、住民の人口というコンセプトからボンの都市について考えることもできれば、道路がどれだけあるかというような、インフラ整備のレベルから考えることもできます。ボンはどれくらい裕福かというGDPの視点から見ることもできます。このように筋の通った論理的な問いからは、決定的な回答が一つだけ導かれます。もし回答が得られないとしたら、それだけ現実が複雑だということです。

現実が複雑すぎて答えを導けないという具体例を挙げてみましょう。たとえば「今現在、インドに靴ひもは何本あるか」を人間が知るのは、厳密に言って不可能です。「インドに靴ひもは何本あるか」、その決定的な数字は存在しています。靴の数でも同じです。「インドには二ユーロ以下の靴が何足あるか」と問うたとき、決定的な数字は存在していますが、その数字を明らかにすることは不可能です。

我々が実際に明らかにできるレベルを、現実が超えているのです。決定的な答えはある、とわかっているにもかかわらず。

なぜなら数字は絶えず変化していますし、コンセプトも絶えず変化しています。「日本人」というコンセプト一つとっても、常に人が生まれては死んでいるわけですから、絶えず変化しているわけです。コンセプトの拡大、つまり何をコンセプトに分類するかも、変化の一因です。ですから、コンセプトもその対象も絶えず変化しているのです。

これが「意味の場」のコンセプトが行うことです。コンセプトの意味（meaning）、つまり意図（intention）こそが私が意味（sense）と呼んでいるものです。私のいう「意味」に呼応して現実で起こるのが「場」です。**「意味の場」の外には何も存在しません**。すべてのものは、コンテクスト（文脈）の中で起こります。

新しい哲学が世界の大問題を解決に導く

「新しい実在論」がもたらす劇的な変化

「新しい実在論」によって、我々の視点《パースペクティヴ》（perspective）が劇的に変わることは間違いありません。というのも現在において我々は、直感的であり、あまり明確に定義されていない、現実に関するコンセプトと、同じように明確に定義されていない、フィクションあるいはバーチャルなものに関するコンセプトの間に、境界線を引いているからです。我々はなんとなく、「インターネットを使いすぎるべきではない」と感じています。でも、テクノロジー系の人々の中には「もっと使うべきだ」と言う人もいるでしょう。しかし、現代の世界秩序の中で、我々は人間として誰なのかという明確なビジョンがありません。ここでも我々は操作されていながら、明確なコンセプトを持っていないままなのです。

でも**「新しい実在論」は、明確なコンセプトを提示してくれます**。異なる科学分野と協力して、デジタル革命における人間、そしてその知的能力と役割に関するコンセプトを、明確に教えてくれます。「新しい実在論」という思考法を取り入れれば、自分が誰であるか、ゆえに自分が何をすべきであるかを、明確に理解することができるのです。自分が誰であるかを知らないと、倫理的、社会的な問いに答えることはできません。

非常に単純な例を挙げましょう。実際にどうかは知りませんが、仮にイルカが人間に近い脳を持っていることがわかったと想像してください。海を泳ぎ回っているイルカが、気候変動についてイルカ語で考えているとしましょう。たとえば「人類は環境を破壊すべきではない」とか。

もしイルカたちにそういう思考ができるとしたら、我々はイルカとコミュニケーションをとり、今までとはかなり異なる扱いをしなければなりません。イルカは、海の中に住んでいる貧しい人々のような存在になるからです。何も持っていない貧困層です。もしイルカが人間と同じだというなら、我々がイルカに対して持つコンセプトはがらりと変わります。我々は何をすべきでしょうか。この場合はイルカを殺して食べるべきでしょうか。たとえ回答が「イエス」のままでも、回答の方法は変わるでしょう。

こうやって論理的に結論づけようとすると、誰かが「人間を食べたらどうなんだ」と言い出すかもしれません。これに抗弁するために、議論が必要になります。人間は食べないけれど、イルカは食べる。なぜ？　正当な理由はあるでしょうか。私は人間を食べたくはない。

その理由は何だろう？　なぜ我々は、カニバリズム（食人）を悪いことだと考えるのでしょうか。

こうした問いに回答を与えてくれるのが、「新しい実在論」です。もしイルカが人間と同じだという事実があるのなら、イルカを食べるべきではないということを「新しい実在論」は教えてくれます。恐らく、イルカは頭が悪いから食べてもいい、という答えにはきっとなりません。それが答えだったら、では頭の悪い人間なら食べてもいいのか、と議論しなければなりませんから。カニバリズムだけではなく、重要な倫理問題に対する回答を与えてくれるのです。

気候変動問題をどう議論するか

もう一つ、気候変動を例にとりましょう。気候変動によって人類が滅亡することを歓迎する人はいませんね。人間がいなくても気候変動は起きていたであろうとか、そういった議論は常にありますが、今は置いておきましょう。我々がもっと興味を持つべき倫理上の問いは、「気候変動が起きている現状を変えるにはどうしたらいいか」です。今後数百年の間に人類が絶滅するなんて、誰も望んでいない。緑の多い地球であってほしいと、皆が思っています。ありとあらゆる種類の対策がありますが、一つには化石燃料の撤廃があります。しかし、もっと違う観点から見ると、たとえば科学的に、今よりさらに化石燃料を使って気候変動を少なくする方法もないことはないでしょう。とはいえその方法をとると、他の部分に影響が生じるかもしれません。このように、解決策と問題点にはさまざまな要素があります。この方法をとればすべて解決、という単純なものではありません。

我々は、目の前の課題について真剣な議論をしていません。代わりにやっているのは、二分で終わるような儚い提案合戦です。ソーシャル・メディア、いえ、他の一般的なメディアも同じような状況です。もっと木が必要だと言うと、次には（肉を食べることは環境破壊につながるので）もっとベジタリアンが必要だ、と言われます。そうかと思えば、今度はベジタリアンは少なくてもいいと言う人が出てきます。ドナルド・トランプはもっと化石燃料が必要だと言うし、ドイツの「緑の党」（環境保護政策を掲げる党）は化石燃料は少なくていいと言います。

重要なのは、正しいか否か

しかし、大切なのは、誰が正しいのかという問いです。誰が何を言うのかは重要ではありません。重要なのは、彼らが正しいかどうかだけだからです。でも、誰もこの問いを投げかけていないのはとても興味深いことです。

これが唯一の重要な問いです。人はいろいろなことを言います。あれこれとくだらないことも言いますが、そうすることが現実への導きを得ることにはなりません。現実へのよりまともな導きは、一緒に現実を紐とくことです。「新しい実在論」は、この思考モードにあなたを連れていきます。重要なのは、誰が何を言うかではなく、その人がしかるべき理由を持ち、正しくあるかどうかです。

我々は昔から、人間の理性（rationality）を良きコンセプトとしてきました。人間の理性こそ、重要視されるべきことです。しかし現代では、これが無視されてしまっています。近年よく言われるようになったポスト・トゥルース（ポスト真実）とかポスト・ファクト、オルタナティブ・ファクト（代替的事実）といった言葉に、それが現れています。人々は、何がフェイクで何がフェイクでないかを見極めるために対話を重ねるのではなく、**何が真実であるかなんて重要ではないのだから基本的にはすべてがフェイクだと思え**、という考えで話をしています。

でも実際は、何が真実であるかということは重要です。というのも今我々がリアリティを破壊しつつあることを考えると、人類は二〇〇年以内に死に絶えかねないからです。この時代でもっとも重要なのは、「人間とは何か」という問いに答えることです。この問いに答えることが、我々が自らを滅ぼすことに抵抗できる唯一の方法なのですから。

モダニティが人類を滅ぼす

これが、モダニティ（近代性）ということです。モダニティを、フランス革命（一七八九〜一七九九年）を起点に考えることにしましょう。

グローバルなスケールで見ると、地球という惑星に住むすべての人間に影響を及ぼすようなモダニティは、十八世紀のある時点から始まっています。フランス革命だけではなくアメリカ独立革命も重要です。こういう革命は特に産業化、技術進歩の形で広まります。これがモダニティの真の揺籃《ようらん》期です。そしてこの二〇〇年、産業化と足並みを揃えるように、人類の自滅と同然のシナリオが進んでいます。

こうしたことは、なかなか目に見えません。進歩と同時に、医学の新しい可能性が生まれるからです。それで寿命が延び、さらに繁栄を享受すると、我々が自滅の道を歩んでいるようにはとても見えません。それどころか、心理学者のスティーブン・ピンカー氏[※9]が著作

"Enlightenment Now"（邦訳『21世紀の啓蒙』）で書いたように、万事順調であるかのように見えます。しかし、現実はその正反対です。人口過剰、原子爆弾、気候変動による自然災害など、どれをとっても、人類は実のところ自らを滅ぼすような道を歩んでいるのです。

産業化の歴史は、地球上で生きる人間の生命の存続可能性が破壊されていく歴史です。こういうストーリーを我々は伝えなければなりません。

もちろん、統計的に見れば、第二次世界大戦後には貧困やバイオレンスが減少している。これがピンカー氏の主張です。それを否定しているわけではありません。自分の父親の話をすると、統計的に見たら父親は八〇歳まで生きるはずでした。でも、肝臓がんにより六三歳で亡くなりました。肝臓がんの元凶は、おそらく庭師だった父が仕事で使っていた、体を害する除草剤のようなものだと思います。気づかず使っている間に、肝臓に悪影響があったのです。

統計的に見ると、父親はまだ生きていることになります。しかし、現実は違います。統計的に見ると、ドイツ人は毎月いくばくかの収入があると言えるでしょう。しかし、毎月三〇〇ユーロ（約三万六〇〇〇円）しか稼げない人についてはどう考えたらいいのでしょうか。

確かに統計は、さまざまなプロセスを検討するには妥当な方法の一つです。でも、今考えなければならないのは、なぜ現実を見る「方法」が重要になるのか、ということです。「ピンカー氏が何を信じるか」ではなく、より広いコンテクストで見たときに、本当に起きていることは何かを考えるということです。

統計的な世界観が覆い隠すもの

この点では、ピンカー氏は間違っています。**モダニティは人類の自滅を引き起こす**のです。近代科学ほど人を殺したものはありません。

戦争は東洋では日本が始め、西洋ではドイツが始めましたが、近代科学がなければ不可能だったでしょう。飛行機（戦闘機）を含め、近代科学がやったことを見れば、それなしではドイツは西洋で第二次世界大戦を始めることは不可能でした。ナチス帝国は根っからの科学帝国でした。だから長期間戦うことができたのです。あれだけの小国が、どうしてたった五年で軍隊を産業化して、世界中を攻撃し、一〇年もの間戦うことができたのでしょうか。まさに近代科学のなせる業です。近代科学は統計的な世界観と同時に、破壊のプロセスをもたらしたのです。同じコインの裏表です。

このことが我々には見えません。なぜなら、アメリカのイデオロギーが自然主義だからです。つまり、自然科学と、自然科学を経済学や技術生産へ応用することが「救済への道」であるという考え方です。投資するのはそこだけでいい、他の分野のことは忘れなさい、と。それが自然主義です。この考え方は他のいかなる考え方よりも人を殺しています。

共産主義も同じくらい自然主義的です。マルクスは自然主義者です。ですから、現在の共産主義のイデオロギーは、多かれ少なかれ、基本的にはアメリカのイデオロギーと同じです。だから中国とアメリカが対立しているのです。両国とも世界観がほぼ同じだからです。面白いもので、共通点がない者同士が敵対することはありません。誰かの敵であるということは、その人と共通点があるということです。闘争が起きるためには、共通点がなければいけません。

中国とアメリカのソフトウェアは根本的には物質主義で、非常に似通っています。このアメリカ的な自然主義が、モダニティのそもそもの間違いなのです。間違った世界観であり、文字通り、我々を殺しかねない世界観なのです。

【注】

※1　マルクス・ガブリエルの自著のタイトル『なぜ世界は存在しないのか』（講談社選書メチエ、以下自著と記す）にもなっている。ガブリエルは世界とは「わたしたちなしでも存在するすべての事物・事実だけでなく、わたしたちなしには存在しないいっさいの事物・事実もそのなかに現に存在している領域」と定義している（自著p18）。

※2　人間の感覚や経験を超えた世界の普遍的な性質・原理を、理性（ロゴス）によって求める哲学。metaphysicsの訳語。

※3　マルクス・ガブリエルはこの主張を構築主義への批判として展開している。また、構築主義を「およそ事実それ自体など存在しない。むしろわたしたちが、わたしたち自身の重層的な言説ないし科学的な方法を通じて、いっさいの事実を構築しているのだ」という想定に基づくものと定義し、構築主義の系譜に連なる思想家としてイマヌエル・カントを挙げている（自著p10〜11）。なお、構築主義の源泉をカントに求めるのは、「思弁的実在論」を提唱した哲学者・カンタン・メイヤスーの思想に連なるものである。

※4　マルクス・ガブリエルはポストモダンの思想（ポストモダニズム）について、「ポストモダンは人類の壮大な約束（宗教や近代科学など）が反故になってしまった後で、伝統からの断絶を徹底しようとした」「しかし、そうした幻想から私たちを解放するためにポストモダンが作り出したのは、『私たちはそれぞれの幻想にはまり込んでいるのだ』という新しい幻想だった」と看破

している（自著p9より抜粋要約）。
※5　ジャーゴンとは、特定の職業やグループの中で使われる専門用語や、内輪にしか理解されない俗語を指す。
※6　ドイツの哲学者、社会学者、音楽評論家、作曲家。マックス・ホルクハイマー、次世代のユルゲン・ハーバーマスらとともにフランクフルト学派を代表する思想家。ナチスに協力した一般人の心理的傾向を研究し、権威主義的パーソナリティについて解明した。権威主義的態度を測定するためのファシズムスケール（Fスケール）の開発者。
※7　ドイツの哲学者、社会哲学者、政治哲学者で、フランクフルト学派第二世代。公共性論や、コミュニケーション論の第一人者。
※8　マルクス・ガブリエルは「意味」の定義として「意味とは対象が現象する仕方のことである」とも述べている（自著p101）。
※9　ハーバード大学心理学教授。認知科学者、実験心理学者。著書『21世紀の啓蒙』はアメリカでベストセラーとなり、ビル・ゲイツが生涯の愛読書と称した。

第Ⅲ章 価値の危機

非人間化、普遍的な価値、ニヒリズム

「他者」が生まれるメカニズムを読み解く
なぜ争いが起きるのか

私は常々、「**我々には普遍的な道徳的価値観（universal moral value）があり、違う文化がそれを覆っているだけだ**」と述べています。では、なぜ争いが起きるのでしょうか？

争いは、相手が自分たちと反対の価値観を持っていると主張する人々が集まると起こるものです。こういう状況がないと、戦争や争いは起きません。もし我々が皆、普遍的なヒューマニティ（人間性）に気づいていたとしたら、残忍な戦争を始められるはずがありません。真の本格的な戦争を始めようと思ったときに求められるのは、相手の非人間化（dehumanization）です。そうでなければ、相手を射殺することなどできません。

たとえば米軍がドローンやビデオゲーム戦略を展開するのは、そうした理由からです。米軍の戦車やドローンを操縦しているとき、ユーザー・エクスペリエンスはテレビゲームのそれと同じです。ゲームのゾンビを殺害しているのと同じです。実際はイラク人を殺害しているというのに。サムライが刀で敵の首を落とすのとはまったく異なる殺害行為です。

これこそが「非人間化」です。人間はすべて、殺人が根源的な悪の形であることを理解しているからです。拷問もそうです。正気の人なら誰も窓から乳児を放り投げようとは思いません。これが、普遍的な価値観ということです。アフリカ人であろうと、ロシア人、中国人、日本人、ドイツ人であろうと、誰もが同じです。

これはジョークですが、マイケル・ジャクソンなら、やるかもしれませんね（笑）。ただ、マイケル・ジャクソンが赤ちゃんを窓から放り投げるのを想像すると、誰しも拒否反応を起こすでしょう。それが世界中の人に共通する、本能的な反応です。これが、普遍性ということです。

痛みに対する人間の行動も、世界共通です。もちろん「サムライ」の気持ちになって痛みを感じないふりをすることもできますが、普通の人なら、特定の行動を引き起こします。それは我々が同じ種の動物であるという事実に基づいています。**普遍的な倫理観には、生物学的な基盤があります。我々は、もともとは皆同じ種だからです。**

だから誰かを攻撃するためには、彼らは自分たちとは違うのだと語るストーリーが必要です。深い文化的異質性があると主張するストーリーは、どんなものでも、戦争を煽る物語、他者を攻撃する口実になります。こうやって我々は、「他者」の存在を作りあげるのです。

言語と文化はソフトウェアのようなもの

もちろん文化的異質性は、でっちあげられたものだけでなく、実際に多々存在しています。たとえば、ヨーロッパでは、マンガは日本ほど目立ったカルチャーではありません。日本の若者には、信じられないくらい大きなマンガ市場がありますから、彼らにはマンガ的な精神状態というものがあるでしょうね。でも、私にはありません。一緒に会って旅行したりしても、このバックグラウンドを共有することはできません。それが文化的異質性です。

代わりに私は、おそらく日本の若者たちが見たことのないドイツの連続テレビ番組を見るでしょう。それについてはドイツ人の妻と共有できます。でもマンガを共有することは、日本の若者とも妻ともできません。私の妹はマンガの大ファンですから、彼女のほうが日本の若者により近いでしょう。それでも、彼女と日本の若者との間には文化的異質性があるでしょう。あまり深い相違ではないにせよ。

これは、日本の若者が私よりも人間的であるとかないとかいうことではありません。マンガ読者とゲーテ読者の間に、人間性の差は一切ありません。ある人はゲーテを読み、ある人はマンガを読む。ただそれだけのことで、深い意味はありません。あるのは深い異質性です。異質性というのは、たとえば日本語は英語とはかなり異なる言語である、日本人とアメリカ人は違うソフトウェアを使っているようなものだ、だから日本人の思考法はアメリカ人と異なる、ということです。

日本語と英語は、アンドロイドとアップルのような異なるハードウェアではなく、ソフトウェアのようなものです。いかなる言語も、他の言語に翻訳することができます。俳句を翻訳することは難しいですが、それは言語に深い相違があるからではなく、文化に相違があるからです。

すばらしい俳人と、ウォレス・スティーヴンズ（アメリカの詩人。一八七九〜一九五五年）の間に、深い相違はありません。俳句を本当に理解しようと思ったら、確かに日本語を学ばないといけませんが、スティーヴンズの詩の読者が俳句を理解できないからといって、俳句の読者よりも人間性がないということではありません。

現代社会では、ほとんどの人が文化相対主義を信じています。人間は使うソフトウェアによってきっぱり分かれているという思想です。つまり、ムスリム（イスラム教徒）は二十一世紀のマンガ狂やロシアの売春婦とはまったく異なった価値体系を持っていることになるんですが、実際そんなことはありません。彼らはまったく同じなのです。ロシアの売春婦、エジプトからのムスリム同胞団、東京の高級住宅地にいるマンガ少年を同じ部屋に入れて、マイケル・ジャクソンが窓から赤ちゃんを放り投げるところを想像させると、全員が同じ反応を示します。これが人間性です。

人間性というのはきわめて普遍的なものですが、我々はそれを無視しています。というのも、現在地球規模でサイバー戦争が起きているからです。今この時代に蔓延している文化相対主義の機能は、非民主的なインターネットを正当化するためのものだと私は思います。

道徳を考える際に必要な三つのカテゴリー

「人間は同じ種の動物である。人間なら誰でも、乳児が窓から投げ出されるのを見たいとは思わない」と先ほど述べました。とはいえ、時と場所によってそうした倫理観も変わるのではないか、という疑問はあるでしょう。たとえば近親相姦《きんしんそうかん》を推奨する文化や時代もあれば、とんでもないと見なしている文化もあります。どちらも正しいということにはなりません。

文化相対主義を正確に説明すると、「近親相姦を推奨する文化も、とんでもないと見なしている文化も、どちらも間違いを犯していない」ということになります。それが相対主義の見方です。他には、たとえば私がおいしい寿司屋よりもマクドナルドのほうがいいと言っても、間違いにはならないという考え方――いわゆる美食相対主義があります。誰もが好きなものを食べ、何を食べようが間違っていないという思想です。

他方、相対主義を否定する人は、どちらかが間違っていると言います。この場合はマクドナルドを選ぶ方が間違っていると。マクドナルドにしょっちゅう行っていても、それは間違いだと言うのです。それは、人間は道徳規範について異なる意見を持っているのに、正しい意見は一つしかないと言うのと同じです。

客観的に言うと、近親相姦はいいか悪いかという問いは、道徳の問題にならない（中立な問題である）ということです。道徳には、三つのカテゴリーがあります。程度の差はありますが、**基本的には「善い（good）」「中立（neutral）」そして「悪い（bad）」の三つ**に分けられます。「善い」というカテゴリーには、たとえばマザー・テレサはすべての人を救うというようなこと、「悪い」にはヒトラーがすべての人を殺害するというようなことが当てはまります。「中立」には、たとえば今日は半そでのシャツを着ようか、長そでのシャツを着ようかということが当てはまります。半そでにしようか長そでにしようかという問いは、我々が毎朝のようにする選択についてではありますが、道徳の問題ではありませんね。

たとえば現代ヨーロッパで言えば、ヒジャブ（イスラム教徒の女性が着用する、頭を覆う布）

を学校で着用していいのかどうか、といった問題もあるでしょう。個人的な見解を述べると、「神がヒジャブを着用することを望んでいる」と信じている人は、道徳の面で間違いを犯していると思っています。でもだからといって、その女性がヒジャブを着用すべきではないという意味ではありません。彼女は間違いを犯していますが、人が時に間違いを犯すことは道徳的には許容されます。彼女の信念は間違っているけれど、それは私の問題ではなく、彼女の問題です。

リベラルな社会で、もし彼女に「ヒジャブを着用しないことは道徳的に間違っていますか」と尋ねられたら、私はこう答えるでしょう。「案ずることはありません。あなたのヒジャブは、私にとっての腕時計みたいなものです。つけることもあれば、つけないこともあります。道徳的なリアリティの中では、あなたがヒジャブを着ようが着まいが何も変わらない。あなたが着たいならお好きにどうぞ。私は気にしません」と。ですから、**ヒジャブの問題は道徳的な文脈で言えば「中立」です**。

こういうと、「ヒジャブは単なる衣装なんかではなく、自分の信念の現れなのだ」という人がいるかもしれませんが、違います。一切れの布に過ぎません。コーランには、ヒジャブを着用すべきであるとは書かれていませんし、預言者もそんなことは言いませんでした。預言者や神が言っているからそうしなければならないというのは、宗教的な信念です。私は信じませんが、信じる人もいます。ただコーランには「ヒジャブを着用しなければならない」とは書かれていません。

ヒジャブ問題があらわにしたもの

では、どうしてこのことが耳目を集める問題になるのでしょうか。それは、人々がムスリムから人間性を奪って殺《あや》めたいと思っているからに他なりません。文字通り、反ユダヤ主義です。反ユダヤ主義には二つの面があります。実は、今ユダヤ人と呼ばれている人たちは元々セム人と呼ばれていました。セム人は、宗教的には二つに分かれました。それがユダヤ教とイスラム教になったのです。

もはやユダヤ人を殺そうなどと唱える人はいませんが、だからといって反ユダヤ主義がなくなったわけではありません。強制収容所を作ろうという考えを公にすることは不可能ですし、極右でもそんなことはできません。選挙でそんなことを口にしたら、有権者にそっぽを向かれてしまいます。人々は、ユダヤ人が大量虐殺された過去をまだ記憶しているからです。しかし、ユダヤ人に対する感情が抑制された結果、ムスリムに跳ね返ってきている。ですから反ムスリムは、そっくり反ユダヤ主義だと言えます。移民は強制収容所に閉じ込めろ、地中海に沈めよというのです。

つまり反ユダヤ主義の人はムスリムを地中海に溺れさせてもいいのだと正当化するためにヒジャブの問題を利用しています。ヒジャブを着ている女性は、自分たちと同じ人間には見えないでしょう。だから、**ヒジャブを使うことでムスリムを非人間化できる**のです。オーストリアでは、ムスリムは「ゴキブリ」と呼ばれています。日常的に使われる軽蔑語です。スペインでも同じで、スペインの人種差別主義者がムスリムのことを"cucaracha"(ゴキブリ)と呼んでいるのを聞いたことがあります。ゴキブリが地中海で溺死しても、痛くもかゆくもありません。ムスリムから人間性を奪う、非人間化するのはこのためです。

アメリカでは、メキシコ人が人間性を奪われています。メキシコ人は皆ドラッグの売人ということになっています。ドラッグの売人を子どもに近づけるなとか、メキシコ人にきちんとした行動をするよう教える方法はないとか。日本でも、韓国人に対して同じような行為が見られますね。どんな国でも、外国人嫌いはそれぞれのやり口で外国人から人間性を奪うようにしているのです。

議論されているのは、解決策ではなく非人間化の手段

「個人的にヒジャブを着用するかしないか」はその人の判断でいいと述べました。ではさらに、学校などで規則を作らなければならない場合を考えてみましょう。たとえば、ブルカ(頭から顔をすべて覆い目だけあける、ヒジャブの一種)を望む生徒がいたとしましょう。普通なら、明らかにルール違反です。個人を識別するのに髪の毛はそこまで必要ではありませんが、顔は見えなければいけないからです。それでも、いくつか解決策が考えられるでしょう。意思決定の問題です。解決策の一つとして考えられるのは、たとえばDNA検査や指紋認証で個人を識別する方法です。顔をすべて覆うのはルール違反だ、なぜなら彼女が筆記試験を受けるとき、それが本当に本人かどうかを確認できないから、という意見が出たとしても、DNA検査や指紋認証を取り入れれば解決します。

このように解決策はいくらでも考えられるので、ヒジャブを規制する必要はないと思います。ただ**現実には、解決策ではなく特定のグループの人たちから人間性を奪う可能性についてばかり取り沙汰されます**。誰一人解決策を求めようとはせず、どうやったら民衆の中の小集団を破壊できるかに力を注いでいます。好戦的なメンタリティで、昔からある人種差別主義です。

　要約すると、これらは単に文化的な問題です。ムスリムの女性がヒジャブを着ることが彼女らのアイデンティティだとは、私は思いません。アイデンティティというよりもむしろ、偶発的な文化的慣習の問題です。普遍的な価値観という点では、それを捨象しないといけません。つまり、道徳的な話になりそうなとき――すべての人が中立の立場になることが不可能なときとも言えますが――たいてい**相手の個別性については考えないほうがいい**のです。

　たとえば、ある男性がかっこいい眼鏡をかけているとしましょう。それを見た私は（かっこいいので気になるけれど）ずっと彼の眼鏡を見つめ始めるわけにはいきません。だから通常私たちは眼鏡については知らないふりをして、捨象します。けれどももし、その彼が付き合っている彼女なりが「その眼鏡かっこいい！」と言ったら、この眼鏡も何かの役割を果たし始めるかもしれません。このように、我々の個別性や偶発的な特徴は、親密な関係では一つの役割を果たします。

　でも道徳的に抑制された関係において、たとえば公共的議論のような場では、たとえヒジャブを着用している人がいたとしても、その事実について注目したり、話題にしたりするべきではありません。私の耳の長さについて話題にする必要がないように。私に耳があるのは事実ですが、人々が、急に耳の長さについて話題にし始めたと想像してみてください。なぜそんなことを気にするのかと思うでしょう。昨今のヒジャブ問題は、まさにそういう状態だと私は思っています。

偏見が醸成される仕組み

今でも覚えているのですが、これと同じことが私の身にも起きました。一〇歳ごろだったと思いますが、電車でムスリムやその家族を見ると、脅威を抱くようになったのです。私には祖母がいます。ナチス政権下のドイツで病気を患っており、一歩間違えればナチスに殺されていたような人です。ですからそこまでひどくはなかったのですが、彼女は人種差別主義者でした。彼女の目から見ると、ムスリムがドイツを占領しつつあるのは明らかだというのです。そんな話を、いつも家で聞かされていました。もちろん私は信じず、祖母は認知機能が衰えてたわごとを言っているのだろうと思っていました。

でも、家でムスリム差別の話を耳にするうちに、電車でムスリムやその家族を見ると脅威を抱くようになっている自分に気づきました。私はこの恐怖と闘わなければなりませんでした。同時に、なぜこんなにも恐怖を抱くのだろうとも考えるようになりました。この恐怖は、初めてニューヨークへ移り住んだ時にも私を襲いました。二〇〇五年の夏、ロンドンでムスリムによるテロ事件があった時のことです。私がヒースロー空港を飛び立った直後にテロが起きたのです。

ニューヨークの地下鉄で、私は絶えずムスリムらしき人間を警戒していました。私はたいていのアメリカ人とは違い、ムスリムとシーク教徒の区別ができるくらいの教養はあります。だからムスリムがすべてテロリストではないことは理性ではわかっているのですが、ムスリムらしき人々に警戒心を抱くことは止められませんでした。これこそが洗脳の結果です。人種差別的な現実の見方です。

ドイツでは、高校に上がると皆ホロコースト（ナチスによるユダヤ人大虐殺）の話を聞かされます。ユダヤ人がどうして殺されたのか、私にはまったく理解できませんでした。ユダヤ人の中に悪を見出すことができなかったからです。それまで、ユダヤ人が悪だという人は私の周りには誰一人としていませんでした。ユダヤ人が悪などという価値観はそれまでの人生で一度も持ったことがなく、ユダヤ人虐殺がなぜ起きたのか不思議で仕方なかったのです。

でも、それはムスリム差別と同じ構造だと気づきました。それまでムスリムに悪を見出すことがなかった私が、祖母の話を絶えず聞き、またロンドンのテロ事件と接触したことで、ムスリムへの悪感情を募らせていったように、人々もユダヤ人への偏見を徐々に増幅させていったのだと。こうした考え方は誤りであり、偏見です。偏見はウイルスと同じで、取り除かねばなりません。除去するには精神的な鍛錬が必要です。

我々には、そういう偏見がたくさんあると思います。人間は安全性を望むものです。それは結構。ただ、だからこそ潜在的なリスクを先回りして見つけ、特殊なリスクを一般化してしまう。何人かのムスリムが人を殺した、だからムスリムは全員人を殺す、というふうに。誤謬《ごびゅう》です。しかし、そういう誤謬が今、文明の駆動力になっている。**今ほど世界中の人間が人種差別主義者になっている時代はありません。**

相手を善悪でとらえることの過ち

偏見を除去するために精神的な鍛錬が必要だったと先ほど述べましたが、それについて具体例をお伝えしましょう。まず私にとって大きなアドバンテージだったのは、当時ドイツの首都であったボンに引っ越したことです。私の高校はボン中の外交官の子息全員が通うようなところで、クラスメイトはほぼムスリム。ヒンドゥー教徒もたくさんいました。当時のガールフレンドがインド大使の娘だったこともあり、ヒンドゥー教文化に触れる機会がたくさんありました。

外見も服装も出自もそれぞれまったく違うクラスメイトたちに囲まれ、さらに私の一番の親友はムスリムでした。彼らがさらされているリアリティに自分も直面し、こういう交流こそが精神的鍛練として必要だと思ったのです。そうして偏見を克服することができました。

親友の中には、一四歳の時にアフガニスタンからドイツに引っ越してきて、今はミュンスター大学でイスラム神学・哲学の教授をしている男がいます。コーランを全部ドイツ語に訳してさまざまな賞を受賞し、ペルシャ語で詩を書き、ヒンディー語の本を読む、本当の天才です。

自分が偏見を持っている人とできるだけ接触することで、偏見を除去したのです。そうなると次のステップは、ムスリムを特別視しないことです。偏見を除去したからといって、その反動で彼らを盲目的に崇拝することになってはいけません。

人から人間性を奪うには、二つの方法があります。一つは相手を悪だと思うことで、もう一つは相手を善だと思うことです。本来なら善悪などありません。相手も自分と同じ、ただの人間なのですから。

二〇一五年、ドイツは移民の歓迎ムードに浸っていました。誰もが移民を手放しで歓迎していましたが、私は当時からその愚かさを指摘していました。なぜ移民を歓迎するのか？彼らのほうは私を歓迎しないのに。私は電車でミュンヘン駅に着いても、大勢の人に歓迎されることはありません。私にはミュンヘンにいる権利はありますが、歓迎される義理はないのです。

移民をむやみに歓迎することは、移民の人間性を奪うことにつながります。移民の人間性を保つためには、彼らが難民だとは気づかれないようにするべきなのです。もしミュンヘン駅に着いて、五〇〇人に歓迎されれば、私は死の危険すら感じるでしょう。表面上は歓迎されているようでも、それは実際には死の危険になります。

ルイ・C・K（メキシコ系アメリカ人のコメディアン。ブラックジョークで有名）が自分のショーでこんなことを言ったのを覚えています。一言一句正しくはありませんが、確かこんなセリフでした。「難民収容所に住むために、ドイツに渡っているやつらがいる。収容所の住人には何をしてもいいんだってことを、ドイツ人が思い出したらどうするんだ？　悪いことは言わないから、難民収容所に住むためにドイツへ行くのはやめろ。絶対にいいアイデアじゃない。でも、それこそが二〇一五年に起きていることなんだよな」と。最近のドイツでは移民歓迎ムードに陰りが見え、急激に潮目が変わりつつあります。新しい右派が予想外のレベルまで伸長しました。

繰り返しになりますが、相手を神格化することも人間性を奪う行為です。ヒンドゥーやムスリムやクリスチャン、あるいは無神論者、誰にも神聖さはありません。皆無です。無神論者――ダニエル・デネットやリチャード・ドーキンスなどがそうです――を偉大な反逆者とみなすことで人間性を奪うこともできます。彼らは自分のことを反逆者、理性の擁護者とみなしていますが、そんなことはありません。彼らも単なる人間です。

「新しい実在論」の思考の枠組みで非常に重要なことは、「**あなたが対話している相手が、特定のアイデンティティの代表者であるという考え方はしない**」ということです。彼らには、その土地のさまざまな伝統が組み込まれた行動パターンであるアイデンティティがあるでしょう。しかし、彼らに対して敬意を払うべきはその点ではない、ということです。もちろん、そうしたアイデンティティを軽視してはなりませんが。

「意味の場」を学ぶことがなぜ必要か

キリスト教や他の宗教についても同じです。神学、宗教学など、そういう「意味の場」を勉強すれば、それらがいかにしてつながっているかが理解できます。初めは理解するだけでいいのです。イスラムのシステムもそうです。非常に複雑なシステムですが、これを理解することで初めてその背後にいる人々のことも理解できます。さもなければ、自分たちのイデオロギーの犠牲になってしまいます。

数学の訓練を受けていないと、プログラミングはできません。それと同じで、神学や宗教学を勉強していないとイスラム教を理解することはできません。勉強していないと何が何だかわからず、ただ表面的な知識をなぞるだけになってしまいます。特定の偏見を克服するためには、こういう訓練が必要です。

文字通り、**解決法は「意味の場」です**。そこに存在するモノや人、それらの関係性、さまざまな現象を支配するルール——何らかの意思決定をする前に、それらについて学ばなければなりません。

今我々は、「表象の危機」に直面しています。「意味の場」を間違った方法で表象し、「意味の場」ではなく表象のほうと関係を作ってしまいます。イスラムの表象をテロリズムと関係づける一方で、たとえばキリスト教はテロリズムとみなしません。キリスト教も実際はテロリズムだというのに。二回目のイラク戦争は文字通りキリスト教のテロリズムだったでしょう。ブッシュ大統領は「神」という言葉を使いました。ですから「神」の名の下にイラクを攻撃したのです。あれはテロリズムではなく戦争だったのだという見方もありますが、ブッシュは石油か何かを狙っていたのですから、あれは明らかにテロです。ただ、そういう考え方をする人はほとんどいません。

ドナルド・トランプも宗教的な人間です。ドナルド・トランプは宗教上の理由からアルコールを飲みません。彼は福音派で、副大統領のマイク・ペンスもそうです。マイク・ペンスは天地創造説（神がすべての物を作ったとする説）支持派です。アメリカの大統領職は宗教的な体制なのです。実にキリスト教的な体制です。

おそらく日本の読者は、他の宗教と比べたらキリスト教はそこまで危険ではないと考えているでしょう。とんでもない。一番人殺しをしているのはどの宗教か――具体的な数字は言えませんが、おそらくキリスト教です。キリスト教の全歴史、「意味の場」をみればわかることです。キリスト教帝国を築くために、どれだけの人が拷問を受け、殺されたことか。

ただ、すべての宗教よりもさらに有害なのが、近代（現代）科学です。絶対数でも相対数でも、すべての宗教がこれまで殺してきた人間の数は、近代科学が殺した数には敵わないからです。近代科学の誤りについては、後の章で詳述しましょう。

価値の闘争はまだ続いている
冷戦は終わっていない

フランシス・フクヤマ[※1]は、約三〇年前に『歴史の終わり』（The End of History and the Last Man）を著しました。冷戦が終わり、これからはアメリカが主導する理性主義や民主主義に経済成長を組み合わせることにより、人びとは幸福になるし、大きな闘争はなくなるというのがフクヤマの主張でした。

私は、フクヤマは大きな間違いを犯したと思います。この本は、私が「ポストモダニズム」と呼んでいるものの引き金になったと思うからです。もちろんフランスなどには本書が著される前からポストモダニズムの形が見られましたが、決定的な引き金になったのは本書です。フクヤマはポストモダニズムのプロセスを覆い隠してしまったのです。それは誰にでも起こり得るミスで、フクヤマが故意にしたわけではありません。彼は優秀な学者で、ただ予測を立てただけです。予測ははずれることがあります。彼は最近の著作（"Identity: The Demand for Dignity and the Politics of Resentment"：邦訳『アイデンティティ――尊厳の要求と憤りの政治』）でその間違いを修正しました。誠実な学者です。

それでも、『歴史の終わり』は危険な間違いなのです。なぜならヘーゲルに対する未熟な理解によって、現代の哲学者、政治学者、社会学者、歴史家の思考を形作ってしまったからです。ヘーゲルはその思想の裏づけになっています。ですから『歴史の終わり』に関しては、基本的にすべてが間違いだと私は思います。冷戦には勝者がおらず、中国との戦争へと姿が変わっていきました。冷戦はソ連とアメリカの二カ国間のものではなく、資本主義と共産主義の間の戦争であったということを、誰もが忘れています。

ソ連というロシアの帝国が絶えず毛沢東によって攻撃されていたという事実を、我々は過小評価してはいけません。毛沢東の一番の敵はスターリンでした。スターリンのほうがはるかにパワフルで、毛沢東など認めようとしませんでしたが。スターリンは独裁主義者としての目で、毛沢東を新参者と考えていたのです。それ自体興味深い話ですが、ともかく勝ったのは中国です。冷戦の共産主義側のほうで、ソ連と中国という内部分裂が起きたのです。

でも西洋では、この事実はあまり注目を浴びませんでした。誰も中国をまともに受け止めなかったからです。それが最大の間違いでした。誰もが冷戦でのアメリカの敵はソ連だと思っていましたが、ソ連の背後には常に中国がいたのです。中国の存在こそロシアにとっては大きな課題で、プーチンはＥＵ問題よりもはるかに中国に対して頭を悩ませているのです。プーチンは早晩、領土問題について主張を始めるでしょう。冷戦ではどこかの国が勝利を収めたのではなく、各国の領土が変わっただけです。前線が変わっただけで、冷戦はまだ終わっていません。

フランシス・フクヤマのヘーゲル主義とは

フクヤマは他の人々と同じように、ベルリンの壁の崩壊が冷戦の終焉であると見なしました。それは多くの前線の一つにすぎなかったのに。韓国の三八度線もその一つです。今日の現状を見たらわかるように、冷戦が終わったわけではありません。冷戦はまだ続いています。相手側は人々が思っているよりもはるかにパワフルです。

中国は、物腰柔らかに見えますが、本質は違います。すべてが擬態の一部です。多くの人が、「中国は、大雑把にいえば我々のような国になる寸前の状態にある一種の資本主義国なのだ」と思っているかもしれませんが、何もかもが間違っています。我々が本当に目撃しているのは、ただ前線が動いたということだけ。だからフクヤマは、こんな間違いを犯したのです。

彼は、さらに間違いを重ねます。近著の『アイデンティティ』で、共産主義のイデオロギーを受け入れているのです。要は変節したのです。彼は今、このアイデンティティのストーリー――共産主義者が信じて欲しいと願っているストーリー――を語っています。文化相対主義です。彼は一つのストーリーから、文字通りまったく別のストーリーに移ったのです。どちらのストーリーも不正確です。どちらも歴史をオートマティックなプロセスと見なしています。

それが彼のヘーゲル主義です。彼は、歴史はプログラムに従うと考えていて、最初の著書ではそのプログラムを誤解したと反省しています。しかし、彼のそもそもの間違いは歴史にプログラムがあると考えていることです。彼はこの間違いを第二段階のレベルでも繰り返しています。予測は同じ理由で間違うと思います。

我々はニーチェが十九世紀に描いた世界を生きている

フクヤマの著書のタイトル中にある「the Last Man（最後の人間＝末人）」とは、ニーチェの言葉でした。私は以前、チェコの経済学者トーマス・セドラチェク氏との対談（NHKBS1スペシャル『欲望の資本主義2018』にて放送）で「現在は『よい人でいることの疲れ』

（移民の排斥など）がでてきている」と述べました。ニーチェの言う「消極的ニヒリズム」です。そういった意味で、やはり世界は十九世紀に戻っている。現代は、ニーチェが「末人」を思いついた環境に近いと言えるでしょう。

「末人」とは、いかなる代償を払っても痛みを避ける人を意味します。マリファナを吸ってリラックスするとか、戦争よりもワインを飲みながらテレビゲームでもしてくつろぐのを好む人のことです。安全で快適な生活を求める、二十一世紀の市民そのものです。

昨今、トランスヒューマニズム（超人間主義）[※2]についてさかんに議論されていますが、そうやって人間が進化する果ては、ニーチェが言う「超人」[※3]ではなく「末人」のほうなのです。

ニーチェはこの「末人」を軽蔑していました。こういう人間は、自分たちが不滅だと感じたいがために生み出された、単なる幻想だと思っていたからです。ニーチェ自身は動物になりたいと願っていました。自分が死に瀕しているという事実を、現実というものは混乱し、危険で生物学的なものであるという事実を、感じたがっていました。それがニーチェの精神でした。「末人」は、自分自身が死すべき運命にあると認識するのを避けるべく、smokescreen（煙幕、偽装行為）を作ると考えていました。

ニーチェはそうやって、人間を「死に臨む存在（being-towards-death）」として定義するハイデガーへの足掛かりとなりました。ハイデガーが提唱する死の概念は、我々が死に瀕しているという事実に直面することを避ける戦略以外の何ものでもありません。ニーチェとハイデガーを理解すれば、昨今、ユヴァル・ノア・ハラリ[※4]などの人々が死について述べるあれやこれや——脳の中身をコンピューターにアップロードして不死身になるとか、そんな夢物語です——に説明がつくでしょう。それこそが「末人」です。そういう意味で我々はまさにニーチェが描写していたシナリオ通りに生きているのです。

倫理を学科として確立せよ

では、このような「ニヒリズム」が世界を覆っている状況に、我々はどう向き合えば良いのでしょうか。ニヒリズムを乗り越えることはできるのでしょうか。

人は自動的にはニヒリストになりません。どうやって子どもに物事の考え方を教えるか、これにかかっています。もし、子どもに「モラル・リアリスト」としての思考法を教えたなら、どうなるでしょう。世界には道徳的な普遍的価値観が存在し、正義を希求するためには、その価値観が何であるかを見出すために協力しなければならないと信じているのがモラル・リアリストです。そんな価値観の人間として、子どもに物事の考え方を教えるのだと想像してください。子どもは（そういう教育をしない場合と比べて）非常に異なる主体的行為者になるでしょう。

これは、私ならこうやって子どもを教育するという一例です。小学校で哲学を教え始めるにはどんなことをすればいいか、とさまざまな国の政府から聞かれますが、このように説明しています。数学（算数）を習い始めた年齢の子に、物事を説明することを想像してください。数学には数学的客観性があるので、（数学の学習において）経験することは正しいか・間違っているかの二択しかありません。とはいえ、数学を習得するのは難しい。ところが、これが数学ではなく倫理（道徳）になると、我々は簡単なことだ、と思ってしまいます。

子どもに学科《ディシプリン》（学問）として教えないから、我々には道徳的な規律がないのです。だから、我々の道徳的思考はこれほどまでにひどいのです。子どもに数学（算数）を教えないでいたら、我々大人の数学（算数）力は惨憺たるものになるでしょう。数学的に、ばかげた考えをするようになります。それと同様に、道徳をおまけのように扱っていたら、道徳についてとんでもない考えを持つようになります。道徳は、教えるか否か選択できるものではなく、教えることが必須なのです。

道徳観を教える倫理学は、数学と同じように一つの学科です。子どもに教えていないから、学科ではないと考えてしまうのです。ドイツでは、倫理学の代わりに宗教を教えています。小学校からずっとです。六歳の子どもに教えることを、宗教ではなく倫理学に代えなければいけません。そして倫理学を教える際には、道徳的な客観性が存在することや、それがいかに機能するか見出す方法を教師が教えて、子どもたちと議論する。そういう本物の学科にするべきです。

日本が果たすべき役割とは

新しい実在論と禅の共通点

以前、日本人の編集者が、「仏教（禅宗）に代表される日本の価値観は、欲望を極力切り捨て、大きな変化を求めるよりも、今目の前にあるものを大事にする思想だ」と教えてくれました。リアリズムを現すまた別の形で、それについて私はまったく同感ですし、素晴らしい思想だと思います。

哲学では、そういった考え方は現在主義（presentism）と呼ばれます。実際に存在する唯一の時間の部分は「今」であるという見方です。もっとじっくり見ると、その「今」も本当は存在しません。だから、仏教が結局のところはニヒリストであることを忘れてはなりません。最初の訓練は「今」に集中して、欲望のレベルを低くすることです。

見識のある人（悟りを開いた人）は、「今」が存在しないことを理解し、時間の概念を完全に排除します。それが「無の境地」（self-annihilation）です。これが瞑想の特徴であることは皆知っているでしょう。**「今」に集中し、欲望のレベルを下げるということは、実は「新し**

い実在論」の形でもあるのです。その点で、私は仏教に一〇〇％共感します。

同時に、日本が一つの主体として非常にパワフルであるという事実を過小評価してはいけないと思っています。日本はこの世界の東側で、非常に短期間でヨーロッパの近代化のレベルへと達した最初の国です。植民地化されずに近代化した唯一の国でもあります。ですから日本の近代化の受け入れ方は、完全に日本的なものです。もちろん日本は、ドイツの大学システムなど外部から手法を学び、すぐにそれを自国の環境に合わせることもできます。このようにさまざまな理由で、日本を植民地化することはできません。このことが、日本の資本主義的な大成功につながったと思います。

日本人は「世界は存在しない」ことを容易に理解できる

物理学などのさまざまな専門分野において、日本は世界ナンバーワンに位置しています。ですから日本の伝統的思想のような日本文化の長所を、もっと世界に広めてもいいのではないでしょうか。

たとえば私が形而上学と呼んでいるものは、日本の思想によって常に批判されてきたと思います。だから私の思想は、日本の思想とよく共鳴すると思っているのです。日本にいる人は、「世界は存在しない」ということをよく理解する方法を知っているからです。「世界は存在しない」というのは日本では自明の理でしょうが、他の地でそう言われたことは未だかつてありません。ですから私の「新しい実在論」は、日本人の経験則とよく共鳴するはずです。

日本は経済的にも世界史的にも、まだ力を出し切っていません。私がEUや戦略的シンクタンクに薦めているステップを日本にも薦めるとすれば、「**デジタル時代への次なる貢献は、新しい思想の波である**」というアドバイスになります。

シリコンバレーは一つの思考法です。単なる製品の寄り集まりではありません。信じられないほどパワフルな思考法です。でも、この思考法には論理的な欠陥があります。だから絶えずアップデートが必要なのです。デジタル・アーキテクチャー全体が欠陥だらけです。そこで今EUは、より欠陥が少ないデジタル・アーキテクチャーの構築に取り組んでいます。自動車産業でたとえれば、すぐれたドイツ車を作るようなものです。欠陥の少ない製品を作れば、たくさんの人に買ってもらえます。人はより安全で良質な製品を求めますから。

日本も、それと似たことができるでしょう。任天堂やソニーの時代のように、あるいはすぐれた大企業がいくつもあった九〇年代のように。今「あなたの生活に影響を与える企業はどこか」と聞いたら、アメリカ企業の名前は二〇も挙がればいいほうです。これが九〇年代は、半分以上日本の企業だったのではないかと思います。再びこの時代に戻る可能性はあります。それには、よりすぐれた思想、アメリカ企業よりもすぐれた哲学を持つ企業が必要です。

【注】

※1　日系の国際政治学者。二〇二〇年現在、スタンフォード大学フリーマン・スポグリ国際関係研究所シニア・フェロー。元アメリカ国務省政策企画局次長。『歴史の終わり』は一九八九年に発表された論文をもとに、一九九二年に出版された。

※2　科学技術を活用し、死や老いなど人間の生物的な限界を超越することを目指す思想。近年では人間と人工知能の融合など、身体拡張やサイボーグ化の文脈で語られることが多い。

※3　ニーチェの著書『ツァラトゥストラはかく語りき』中に登場する概念。英語ではsuperman、overman。キリスト教の神に代わる者で、自らのうちに価値基準を持つ理想的な人を指す。ニーチェは人間社会にこの「超人」を生み出すことが重要だ、と主張した。

※4　イスラエルの歴史学者。ヘブライ大学教授。著書『ホモ・デウス――テクノロジーとサピエンスの未来』で、トランスヒューマニズム到来の可能性について述べている。

第Ⅳ章　民主主義の危機

コモンセンス、文化的多元性、多様性のパラドックス

民主主義の「遅さ」を肯定する

明白な事実に基づいた政治を

民主主義における最大の危機とは何かと言えば、民主主義に対する人々の理解が間違っていることです。現在、人々は「民主主義は、自分が信じているものを何でも自由に言える権利で成り立っている」と思っています。民主主義を、特定の表現の自由と混同しています。しかし、どんなバカげたことでも好きに表現できることと民主主義を同一視してはなりません。

民主主義は、実際に存在する裁判所、インフラ、税システム、官僚、役所など、そういうすべての機関の複雑なシステムです。それが民主主義の実体です。非常に緩慢で複雑な社会システムです。そういうシステムがあるおかげで、あなたは人権を享受している可能性が極めて高い。というのも、そのシステムにいる人が買収などしてシステムを簡単に乗っ取り、あなたを個人的に攻撃することはできないからです。

たとえば、ドイツの大学システム内では、たとえ私が望んだとしても自分の競合相手をつぶすことはできません。大学内で権力を得ようとしても、この人は邪悪な人だと学部長を説得しようとしても、この民主的なシステム内ではその人をつぶすことはできません。遅かれ早かれ学部長が双方を呼んで、ミスコミュニケーションの原因を聞こうとするからです。誰かをつぶすことは学部長の利益にならないですし、もしすればその上の人間が「学部長は誰かをつぶした、このことは学部長がうまく取りまとめができなかった結果だ」と言うでしょうから。

民主的思考と非民主的思考の違いとは

改めて、民主的な制度とは何か、定義しましょう。**民主的な制度の機能は、意見の相違に直面したときに暴力沙汰が起きる確率を減らすこと**です。二人の当事者が異なる意見を持っているとき、民主的な機関の機能は双方の利益のあいだの妥協点を見つけ出すことです。

法廷に行くとわかりますが、民主主義では片方だけが勝つということはありません。妥協的な立場が出てきます。それが判事の役割です。民主的な判事は真実を探すだけではなく――もちろん真実も十分重要ですが――双方の利益を考慮に入れます。そうやって民主主義が機能するのです。

結局、自分の敵を一週間でつぶすことは、不可能とまではいかないにしても、とてつもなく難しい。民主的な環境で自分の敵と戦いたい場合、非常に複雑で緩慢なプロセスを辿ることになります。そうなれば遅かれ早かれ、「戦うことは合理的ではない、だからもっと前向きなことに集中しよう」とあなたは言うでしょう。それが民主的な制度の役割です。

民主主義の危機は、民主主義国家の市民たちがこのことさえわかっていないということです。彼らは頭に浮かぶことならどんなたわごとでも口にできるのが民主主義だ、と思っている。でも、それは民主主義ではなくフェイスブックです。地球全体に拡散した、アメリカ憲法修正第一条（「言論の自由」条項）の曲解です。**我々は民主主義の本質とその価値を理解しなければなりません**。緩慢な官僚的プロセスが善であることを理解しなければなりません。

私自身の例で言うと、今作っているこの本の契約を実現させるためには、日本の国税庁の手続きを経なければなりません。非常に緩慢で複雑な手続きを経て、ようやく出版という結果につながります。それは法的な枠組みがあり、明確に定義されているからです。それをきちんと経ると望ましい結果が生まれます。結果までの過程で、この民主的な制度が「何かうさんくさいことが行われていないか」とチェックするからスピードが遅くなるのですが、我々はその手続きを是認するべきです。我々は、事が常に即自分の思い通りにいかない世界に生きていることに満足していると言うべきなのです。それが民主的思考です。

非民主的思考というのは、「これが消えてほしい」という考え方です。物事がいつも完全に機能する、しかも自分の利益を実現する形で機能すればいいというような思考です。それは民主主義ではなく、まさに独裁主義です。中国のような独裁主義国家では、自分の敵をつぶすことははるかに簡単です。文字通り敵を殺害する方法があります。それは基本的に民主国家では不可能です。

独裁主義と「明白な事実」

私は「民主主義とは、私が『明白な事実の政治』と呼ぶものに基づくべきものだ。それこそが守るべき価値だ」と言っています。民主主義は真実の民主主義であるべきです。ですから事実は重要です。たとえば、人権は明白な事実です。誰も拷問を受けたくないし、非常に狭い部屋で七〇人もの他人と暮らしたくないことは明らかです。民主主義はこの明白な事実を受け入れます。あるいは、殺されたいと思う人は誰もいませんから、殺人を犯すことができるだけ困難になるよう、民主主義は最善を尽くします。

少なくとも殺人から利益を得ることは、民主主義では非常に難しい。たとえば非民主国家では、人殺しで利益を得ることは実に簡単です。実際のところ殺し屋はいいビジネスです。でも、危険な仕事でもありますね。その殺し屋は、早晩別の殺し屋に消されるでしょうから。とはいえ、民主国家であるアメリカでは、殺し屋で儲けるのは、はるかに困難です。

ですから、明白な事実を考慮に入れることは、民主的制度の役割であるべきです。明白さを否定してはいけません。独裁主義は明白さを否定します。スターリン時代の見せしめの裁判で明白だったのは、裁判がなかったことです。裁判のように見えていただけで、明白さを否定していました。だから、スターリン時代は民主的ではなかったことがわかる。事実ではないことを誰もが知っているのに、実際に起きているふりをしていたからです。独裁政治の中にいる人は、それが独裁主義であることはわかっています。

中国の例を見ましょう。中国に住んでいる人は皆、中国が独裁国家であることを知っています。それなのに中国政府は、市民にこう語りかけています。「中国は独裁国家ではない。スターバックスもできたし、市場も公開されている。マクドナルドにも行ける。心配するな。新中間層も作り出しているし、独裁国家ではない」。政府は明白な事実、つまり独裁国家であることを否定しているのです。

民主主義国家はそういうことはしません。明白な事実を隠そうとすることもありますが、全面的には否定しません。オーストリアを例にとりましょう。オーストリアはとてつもなく民主主義的な国家です。もちろん右派の影響もかなり大きいですが。

日本で大々的に報道されたかどうかはわかりませんが、「イビサゲート」と呼ばれるスキャンダルがありました。これは副首相兼公務・スポーツ相と自由党党首のハインツクリスティアン・シュトラッヘ氏が、スペインにあるイビサ島でロシア人の支援者を装った女性に対し、選挙支援の見返りに公共事業を受注させることを約束したところを隠しカメラが捉えており、その映像が公開された事件です。これを受け、同氏は三つの職を辞任しました。誰が隠し撮りをしたのかはわかっていませんが、最終的にはそれがオーストリア政府を転覆させました。ここに、オーストリアが非常に強力な民主主義国家であることが現れています。明白な事実を否定した人は誰もいません。

今のアメリカには、弱点があります。トランプ政権には明白さを否定する傾向がある、ということです。それがトランプ政権の非民主的な要素です。非常に明白なことをトランプ政権は否定しています。

文化的相対性から文化的多元性へ

文化は時に明白さを否定する

民主主義では、「我々は事実を共通して理解できる」という合意に達するべきです。だから、**民主主義の基本的な価値観はコモンセンス（良識）**なのです。コモンセンスというのは、市民が根本的にするべきことに対する、民主的市民の共通した感性です。いろいろな違いはあるけれども、かくかくしかじかのことをするべきであるという大雑把な合意があります。たとえばドイツの社会福祉制度は、いかなる政党のいかなる党員もその制度を除去したいと思う人はいないほど盤石です。ドイツの社会福祉制度はドイツにおけるコモンセンスですし、明白な事実です。

可能なら、誰も飢える必要がないように税金を使えばいいのです。ドイツでは未だ貧しい人、餓死する人の数はゼロではありませんが、ドイツで餓死する可能性は非常に低いです。ドイツでは生存する権利があり、実際に生存することを助けてもらえます。つまり、貧しくても社会的セーフティネットがあります。

次に明白なのは、社会的セーフティネットを改善するべきだという事実です。社会保障を減らすのではなく、改善するべきです。これも同じくらい明白です。いかにして目標に達そうとも、この二点が重要であることは間違いありません。自らの過《あやま》ちであろうと、悲劇のせいであろうと、ありとあらゆる方法で人は貧困に陥ります。自分のパートナーがガンや交通事故で早逝《そうせい》して、そのことに耐えられなくなり、貧しくなることもあります。ホームレスになってロサンゼルスのギャングに射殺されたり、強姦されたりするというような状況があってはいけません。あなたの悲劇には終わりがあるべきです。実に明白です。

かすぐれた民主主義はこうした明白さを尊重し、それに直面したときには否定しません。かたや、ひどい民主主義はこうした明白な事実を否定します。しかし、こうした悲劇的なストーリーは起きてはならないものです。我々は人間に対して責任があるのですから。これが、私の言う明白な事実です。

多元性と相対性の違い

ここでもう一度、文化の問題について考えましょう。明白な事実は文化に基づいているのでしょうか。人がすぐに「これは明白な事実（obvious fact）だ」と思い浮かぶことは文化に基づいていますが、明白でも文化によって隠されていることもあります。あるいは少しだけ文化によって隠されていることもある。その地域ごとに文化的制約がありますが、文化は両方の役目を負うことがあるのです。

インドの例を見ましょう。インドの宗教上のソフトウェア、特にヒンドゥー教は、人権に反しているので民主主義とはまったく相容れません。ヒンドゥー教は最も人種差別的な宗教です。インドのカースト制は人種差別のシステムで、経済格差を正当化するために使われています。これほど民主主義にとってひどいことはありません。

ヒンドゥー教という地域ごとの文化が、明白な事実を受け入れていません。明白な事実の否定です。私なら**文化的多元性**（cultural plurality）とでも言うでしょうね。でもだからと言って、**文化的相対性**（cultural relativity）であるという意味ではありません。

たとえば日本の地域文化や慣習は、民主主義の中では道徳的長所にもなれば、短所にもなります。これは私が日本を訪れた時に知ったことですが、他人の気持ちを絶えず推し量ったり、相手の気持ちをよくしようとしたりすることは、日本文化や社会システムの中で、社会の慣習やフレンドシップ、ホスピタリティの一環になります。

日本的な状況では、誰もが誰もを、より快適にしようとします。人はこのゲームを非常に高いスキルで行います。信じられないほど多くのレイヤー（層）があり、私にもわかるものもありますが、わからないものもあります。日本語を話さないし、日本に十分長く住んでいないからです。このネットワークは、日本の民主主義にとって長所にもなれば、短所にもなる。日本人にとっては明白な事実でも、外国人の目からは見えないということは、容易に長所になります。

他方で民主主義的な意味での弱点は、日本がお互いの観察や認識によって強く結ばれているという事実により、精神状態のプライバシーを得ることがはるかに難しくなるということです。まさに、精神状態が丸見えなのです。

地域の視点を超えるために

ですから、私が日本をひと言で表そうと思ったら「精神の可視性」といいます。**日本は非常に可視化されたメンタリティを持っている**のです。フランスの哲学者ロラン・バルトの考えとは真逆です。日本人はお互いの気持ちが手に取るように見えるのです。非常に精神的な文化で、どこにおいても精神が可視化しているので、哲学をするのには大変強力な場所です。そしてその意味において、非常にスピリチュアルなところです。だが、それは弱点にもなる。このように長所も短所もあるのが文化的多元性です。

だからグローバルなネットワークにおいては、自分の盲点がどこにあるかをお互いから学ばなければなりません。たとえばドイツ人は、相手の精神を予想するという、この日本のゲームから多くを学ぶことができます。ドイツ人はこれが非常に苦手です。日本とは真逆で、ドイツでは他人の気持ちを読もうとすることはアンフレンドリーであると思われるので、してはいけないと考えられています。ドイツ人は自分の気持ちを外に表しません。あまりに気遣いが過ぎてもよくないので、多くのことを胸に秘めています。

ホスピタリティも、ドイツ人が日本人から学ぶべきことだと思います。日本のホスピタリティのレベルの高さは、ビジネスにおいて大きな長所になります。非常に賢いシステムです。

端的に言うと、**文化には多元性があり、ある文化には明白には見えないことも別の文化には明白に見える**ということです。でも、地域の視点を超える、明白な事実もあると思います。しかし、ときに文化は、明白さを否定します。明白さについて誤った認識をしているからです。

一つのレベルしかない明白な事実というものは、存在します。それが何であるかは、我々皆で見つけ出さないといけません。明白な事実が何であるか、我々は完全にはわかっていません。民主主義はまだ最終ステージには到達していないのです。グローバルで民主的な世界国家というのが最終ステージですが、その最終ステージでは、人間はやらなければならない明白なことについて常時互いに議論し、結論に達するようになっているでしょう。その段階にはまだ程遠いですが。

民主主義と多様性のパラドックスを哲学する

「ラッセルの解決法」が示すもの

近年、多様性という言葉をしばしば耳にします。我々が多様性について語るとき、多様性反対派の人とどう対峙すればよいのでしょう。多様性を受け入れない人も、多様性の一部として包摂するべきでしょうか。

実は、民主主義には概してそういうパラドックスがあります。たとえば、ＥＵ内にブレグジット推進派の党を持つべきか。答えは否です。そこにパラドックスがあります。でも、これを論理的に解決する方法があります。私の考えでは、多様性とは、「誰かを排除したいと思っている人たちも排除しない（包摂する）」という意味ではありません。

まったく同じ構造をとっているパラドックスの例をもう一つ挙げましょう。「嘘つきのパラドックス」と呼ばれるものです。オットーという男性がいたとして、彼が「僕が言うことはすべて嘘だ」と言ったとします。もしオットーの言うことが正しいなら、彼は嘘つきになる。でも彼が嘘をついているなら、彼は嘘つきではないということになる。これと同じように、「我々は何人たりとも排除してはならない」という主張は、誰かを排除している人たちを排除した、というパラドックスに陥ります。

この有名な「嘘つきのパラドックス」は、議論が尽くされていて解決法もたくさんありますが、一つシンプルなものとして、哲学者バートランド・ラッセルの解決法[※1]があります。近代初のもっとも簡潔で見事な解決法の一つです。簡単に言うと、「二つの段階に分けよ」というものです。第二段階の排除は問題ない、と考えます。

多様性で言うと、第一段階の排除は、女性や黒人などのマイノリティを排除することに当たります。第二段階の排除は、女性や黒人を排除する者たちを排除することです。第一段階の排除には排除者は含まれないが、第二段階の排除には排除者が含まれる。二つの段階に分けたら、それぞれの集合には違いが生まれるのです。

民主主義でも同じことが言えます。民主主義撲滅を掲げる政党を設けるべきか？　答えはノーです。不寛容な人にも敬意をもって寛容になるべきか？　これもノーです。このように二つの段階に分けて考えることが、盤石の解決法となります。

ですから我々は、とりわけ民主主義では――これがパラドックスなのですが――いわゆる排除者を常に排除することになります。

誰かは排除される。ここに、二つの可能性が生まれます。第一段階で排除されて苦しむ（マイノリティの）人たちがいる。こんな状況はあってはならない。だから多様性を声高に叫ぶわけです。そして多様性を進める結果、第一段階で被害者を作り出す加害者たちは、そうした行為をやめなければならなくなる。これのどこが問題なのでしょうか？　このように段階を二つに分けて状況をとらえたら、パラドックスは雲散霧消します。多様性に反対する人は、決してマイノリティなどではありませんが、たとえマジョリティだったとしても、彼らの訴えは鎮圧されるべきなのです。

彼らの声を尊重するべきではない。単純なことです。もし職場に「女性社員の数を減らすべきだ」という人がいたら、即刻排除されるべきでしょう。こういう人の声は、尊重すべき訴えかけではないからです。

間違いか否かを決める思考実験

前述したように、すべての現実は実在的（real）です。そしてもちろん、現実は間違うこともある。こうした人の声は、実在的かつ間違いです。では、それが「間違いか、否か」ということは誰が決めるのか——それが重要なところで、合理的な分析や、公開ディベートによって決まります。

非常に実在的で間違っている例を挙げましょう。レイシスト（人種差別主義者）でワーカホリックの、アメリカ中西部出身の若者です。このアメリカ人を例に、意思決定のプロセスを単純化してざっと追ってみましょう。さて、マークという白人の若者が一人いる。裕福な家に生まれ、ハーバードかどこかの学位を持っている勝ち組の金持ちです。起業したいと思っていて、独身のゲイで、家族を持つことにはこれっぽっちも関心がない。週に九〇時間も働いて、ウォール街を牛耳っている。プライベートではコカインを吸ってジムに行く。まさにアメリカン・ドリームです。

マークは、職場に女性社員がいることに猛反対している。女性社員は週に三〇時間しか働かず、いつか妊娠して職場を離れる。復帰したらしたで、四六時中託児所へ行っているので仕事が遅い。女性社員のこんな働き方は会社を崩壊させるかのようにマークには思えます。こんなケースは実に多い。こういう物の考え方が、とんでもなく広まっています。

では、こうした女性社員を雇用しておくべきかと皆で話し合うことを想像しましょう。マークはどんな議論をするでしょうか。きっと、こういう女性社員がいなかったら我が社はもっと生産的になる、などと言うと思います。そうしたら我々は、こう提案するのです。よろしい、ではあなたのシナリオを思考実験で現実化してみましょう。職場から、女性社員を一人残らず排除しましょう。

さあ、これで会社に女性はいなくなりました。残ったのはハーバード出身の金髪たちだけです。ここでマークに次の質問をします。女性に投票権はあったほうがいいか？　マークは自分の立てたシナリオについてじっくり考えて、きっとこう言うでしょう。いいや、私のように社会を動かす人間が社会の方向性を決定するべきだ。女どもを入れたら、俺たちの意思とは反対の人間に投票してしまう。それでは生産性はがた落ちだ、女性から投票権を剝奪《はくだつ》せよ、と。

そしてマークに尋ねます。今君が頭に思い描く社会はどんなものかわかっているかい？と。そこでマークは初めて、それがほとんどナチスやファシズムのような社会であることに気付くのです。しかもこれは、女性を会社から排除すべきだという最初の決定から、マークが論理的に導き出した結論です。自分の提案をじっくり検討したら、女性に投票権はいらないと言わざるを得ない。論理が破綻しないように考えたら、そういう結論になるのです。女性が会社を崩壊させるなら民主主義にだっていい影響を及ぼすはずがないだろう？　と、そう考えてしまいます。

女性に長らく参政権がなかったのは、そういう理由からです。このように考える人たちがいたからです。そこで、こういった物の考え方は、民主主義のプロセスを弱体化させることもわかるでしょう。これは民主主義に逆行する論理を簡略化させた例で、実際はもっとたくさんの議論のステップを踏みます。非常に理想化、単純化され、バイアスがかかった話かもしれませんが、だいたい意思決定のプロセスがどのように進むかはわかるでしょう。

人間は皆違っているということは、ファクトである

では、今度は逆の例も考えてみましょう。女性が一人おり、社会に貢献したいと考えている。彼女は子どもを何人か持つ母親で、だからこそ人にはないアイデアがある、と言う。女性として、母親としての思考や経験は、女性を顧客に持つ企業では重要になると訴えます。

この女性は、多様性について議論を起こし、それはやがて経済的な議論にまで発展します。女性を登用しない企業は、多くの顧客を失うだろう。一方向に偏っている企業は、良い企業とは言えない、という議論です。これが逆の例です。

母親であるために、まさに仕事から離脱せざるを得ないという部分はあります。私の妻もそうです。ですから女性が仕事に参加すること——その次は父親についても考えなければいい

けませんが——は、こう捉えなければいけません。「『人間は皆違っている』という事実と共に、我々は生きていかなければいけないのだ」と。**「人間はこうあるべきだ」というモデルを、社会システムにいるすべての人間に押し付けるべきではありません。**そのモデルは、人間の現実に即していないからです。それが多様性への論拠になります。「人間はそれぞれ少しずつ違っている」という事実（fact）が、多様性の論拠です。多様性というのは事実である。では、その事実を我々の社会に投影させてみようじゃありませんか。そうすべきプラス面とマイナス面を挙げてみましょう。

マイナス面、あるいは明らかな反対意見としては、こういうものがあります。女性は、つまるところ男性よりも勤務時間が短いじゃないかという意見です。これは統計的な事実かもしれません。統計で子どもがいる女性の生涯労働時間を父親のそれと比べたら、確かに少なくなるでしょう。典型的に、著しく統計に違いが出ます。でも、それを説明したところで「人間は皆違っている」という事実に戻るだけです。

ではなぜ、そのような事実を踏まえて、女性たちにそのような（働き方の）可能性を与えないのでしょうか。ちなみにここでは「女性は母親になるべきだ」という意味ではなく、「女性は母親になれる」と言っています。母親になることを強制してはならないですし、母親にもさまざまな在り方があります。女性はそれぞれに異なる関係性を子どもと築くでしょう。でも、こういうタイプの母親は確かに存在するな、統計的にこういうタイプがいる可能性が高い、ならばこうしたタイプの母親に職を多く設け、支援してはどうか？　現実的な会社を運営するべく、こうした戦略を立てることも、完全に実行可能です。経営上の「新しい実在論」です。会社構造における事実を否定せず、きちんと考慮すること。会社の中に非常に行き届いた託児所を設けるのもいいかもしれませんね。そうすれば母親は時間を無駄にせずに済みます。

現状では、親の職場と託児所は離れています。そしてもし子どもに問題が起きたら、母親が迎えに行くしかない。職場を離れ、託児所まで行き、また職場に戻る。どれだけの時間が無駄になるか。託児所だけでなく、病院も会社内に設ければいい。私だったら、会議よりも診療へ行きたいですね。誰だってそんな日があるでしょう。我々も人間ですから。

尊厳とは何か

これに関連して、「人間の尊厳」について考えてみましょう。**尊厳とは、「人間はときには人間存在の概念に基づいてその人生を送っている動物である」という事実**です。人間は人間のイメージ、自己の概念を持っています。我々は、その概念を踏まえて行動します。我々が知りうる種でそれをするのは、人間をおいて他にありません。ライオンは、ライオンであることはどういうことか、なんて悩みはしません。ライオンは賢く、いろいろなことをしますが、ライオンの正体を見つけ出すためにライオンの性質を研究するような部門は持っていません。

人間はそうした研究を行います。それがサピエンスです。我々が何であるかをまだ知らないゆえに、それを特定しようと試みることに他なりません。それは人間の尊厳です。人間の尊厳とは、人間という動物がその正体について考えることができる状況に置かれていることを意味します。アウシュヴィッツにいた人は、人類の本質について考えることはできませんでした。明日へ思いを馳せることができなかったのです。そうやって彼らは、死ぬまで尊厳を失っていたも同然でした。ですから誰かの尊厳を攻撃すれば、それはその人の精神を攻撃することになります。

例を挙げましょう。職場などでもめごとがあると、人生を豊かにするものに集中するのが非常に難しくなります。あなたがオペラ好きであるとしましょう。でも、同僚と揉めている最中にオペラを楽しむことはできません。絶えずその葛藤のことを考えてしまうからです。

つまり、この同僚はあなたの尊厳を傷つけたということがわかります。その尊厳に気付けるのは、自分の精神状態が自由であるときです。そして人間の尊厳、人間の権利といった概念の意味は「政府の役割は、あなたの精神の自由を向上させることだ」というものです。

では、差別主義者が「私は女性を差別する、しかし女性を差別することは私の権利である。それを侵犯されることは、私の尊厳をそこなうことである」と言った場合はどうするのでしょうか。これはとても単純です。**他の人の尊厳を減らす人は、自分自身の尊厳も減らしているのです**。ミソジニスト（女性嫌悪者）はその人自身の尊厳も減らしているということです。尊厳にはレベルがあります。尊厳がゼロになることはありません。ゼロになれば人間でなくなります。ですから尊厳の最高レベルは聖人です。単なる理念ですが、完璧な人間のことです。どんな伝統文化にも完璧な人間である賢人のファンタジーがあります。それが最高レベルの尊厳です。

最低レベルの尊厳は、ヒトラーのような人物です。それでも、彼にも尊厳があるので、彼を殺すべきではありません。ヒトラーを捕まえたら、刑務所に入れればいいだけのことです。彼の場合は永久です。モンスターを刑務所から出してはいけません。でも、殺してもいけません。殺してしまえば彼の尊厳を尊重しないことになります。これがドイツでの死刑反対の主張です。だからドイツには死刑がないのです。もしその人を殺せば、その人の尊厳はゼロであるとみなしていることになるからです。

人を尊厳ゼロと考えることは、あなたの尊厳もゼロにすることですし、殺人者と同じことです。死刑は、誰かが誰かを殺すことです。それは根本的な倫理の、もっとも明白な侵害です。いかなるシステムも罰として誰かの命を奪うべきではありません。ここでもこれは明白な事実です。

【注】

※1　ラッセルのパラドックスと呼ばれるもの。ラッセルは「タイプ理論」と呼ばれる自らの説で、この矛盾を解決した。このタイプ理論は「集合を、自らが要素となる概念を使って定義してはならない」とし、さらにあらゆるものをすべて階層に分けて考えるものである。

第V章　資本主義の危機

コ・イミュニズム、自己グローバル化、モラル企業

グローバル資本主義は国家へ回帰する？

資本主義が持つ「悪」の要素とは

現在の資本主義における根本的な危機は、人が「グローバリゼーション」と特徴づけるものにあります。資本主義とは本来、特に工業製品の生産モデルを意味します。その**資本主義の危機は、国民国家が発明されたことに関係しています**。現代の国民国家が生まれたプロセスと産業化のプロセスは類似しています。グローバリゼーションは実際のところ、グローバルな製品のやりとりですが、いかなる（国民国家的な）法的な枠にも完全にはとらわれていません。

一八三〇年代から第二次世界大戦終結までの間、アメリカは輸入工業製品に世界有数の高関税をかけていました。また、十九世紀末の不況をドイツはビスマルクを先頭とした保護主義で乗り越えました。**現在のトランプ大統領の保護主義やEUの瓦解を見るにつけても、「世界史の針は巻き戻っている」と感じます**。そもそも、我々が今日目撃している保護主義が動きを止めたことも、（完全に）グローバルな自由貿易が行われたことも、未だかつてありません。製品によってはグローバルな流れに乗っているものもありますが、グローバル経済というものはまだ現実にはなっていません。だからどの国に行ってもある程度は自国の製品を保護しています。

ゆえに、グローバル経済はこの五年間激しく展開されている一種の経済戦争に変貌しているのです。そのもっとも顕著な形が、ドナルド・トランプが仕掛けている貿易戦争です。しかし、彼はただ真実を話しているだけなのです。トランプがグローバルな経済戦争を発明したわけではありません。単に他の人がやっていることを言語化しているだけ、すべての人が従っているルールについてはっきり代弁しているだけなのです。

この危機は、インターネット上の危機と似ています。法律上の制限がないグローバル経済は明らかに問題です。それが資本主義最大の危機です。産業化は、いかなるグローバル国家にもコントロールされていません。グローバル資本主義経済には世界国家が必要です。でなければ崩壊します。**グローバル経済が、グローバル国民国家の存在なしで機能しつづけることは絶対にありません**。ドナルド・トランプはこのことをよく理解しています。権力の座についている人間として実際にその経済戦争に参加し、彼はすぐにグローバル国民国家の不在に気づいたのです。

ここにパラドックスがあります。ドナルド・トランプは自分なりに民主主義を守っています。アメリカのような民主国家の政府は数えるほどしかないことを、彼はわかっているからです。ですからトランプは、民主主義の土台を壊すようなことはしていません。皆が言っているような独裁者ではなく、むしろ、産業化の可能性条件としてのシステムを守っているのです。それが彼のイデオロギーの一環です。

トランプのイデオロギーは理にかなっています。なぜまったく労働環境が異なる、中国のような主要プレイヤーと製品のやりとりをしないといけない市場に入るのか。しかもどんな法律にも規制されていない状況で。それはルールなしにとてつもない巨漢と殴り合いを始めるようなものです。殺されるかもしれないし、無謀です。そんな大男と殴り合いをするにはルールが必要です。そういうルールをトランプは確立しようとしているのです。

つまりトランプが今していることは正しい。それがパラドックスです。彼は思想界の理論家から賛同されることはあまりないが、我々理論家はドナルド・トランプがやっていることを説明する際に、中立でなければならないと思います。でもほとんどの人、ほとんどの哲学者は本能的にトランプを攻撃してしまいます。一つにはそれが哲学者の役割だから、二つ目にはトランプが特に意地の悪い人間であるように見えるからです。でも、彼がどんな人間に見えるかはどうでもいいことです。重要なのは、今何が起きているかを問うことです。今のところこのトランプ現象は、適切な方法で理論化されていないと思います。

良かれあしかれ、産業と国民国家は一体であること、それが事実であることにトランプは気づきました。彼はその事実を守ろうとしています。中国やロシア、イランなどと同じグローバル経済に入れれば、世界の民主主義が崩壊するとわかっているからです。それほど単純なことです。パラドックスですが、ドナルド・トランプは非常に複雑な状況において、グローバルなレベルで民主主義を守っているのです。

資本主義には悪の潜在性がある

我々に共通する問題の一つは、いわゆるネオリベラルの理論家を含むほとんどの人の資本主義の理論が、マルクスの資本論に依存していることです。確かにマルクスの資本論は資本主義について考えるツールを提供してくれます。しかし、マルクスの理論はまったくもって不十分です。

資本主義は労働の役割分担に対する応答に他なりません。資本主義は労働の役割分担を利用して、「一人の人間が、もう一人が何をしているか知らない」という事実を価値に変換します。それが資本主義のビジネスです。

あなたが何をしているか、相手は知らない。それがあなたのアドバンテージになります。この人は自分が何をしているか知らないという視点から、あなたはいくら金額を請求することができるか計算します。知られている場合、その額は請求することができません。あなたは自分の製品が実際よりもはるかにすぐれているふりをしなければなりません。相手は、本当は信じていないけれども信じているふりをしなければなりません。あなたの製品を買わざるを得ないことがわかっているからです。

これが資本主義の「嘘」です。資本主義そのものが不透明なシステムなのです。資本主義に透明性が担保されることはありません。でないと機能しないからです。だから**資本主義そのものは必ずしも悪ではありませんが、資本主義には、「悪」の潜在性がある**のです。

それを理由に、多くの民主主義派の理論家が「人を逆の方向に引き込もうとする」と資本主義を批判します。民主主義においては透明性が重視されるからです。でも、そんな批判は必要ありません。必要なのは、生産状態を左右する資本家に、民主的な思考訓練を受けさせることです。有名な慈善家であるビル・ゲイツやジョージ・ソロスのようなレベルではなく、中間レベルの資本家です。

「モラル企業」が二十二世紀の政治構造を決める

資本主義の矛盾を解決する「コ・イミュニズム」

たとえば、大きな国営企業が部を一つ設けて倫理学者を数名雇っていると考えてみてください。現状とは違うモデルになるでしょう。ゲーム理論を使って消費者と生産者のギャップを利用しようとする経済学者ではなく、倫理学者です。

トヨタにプロフェッショナルの倫理学者が三〇人いることを想像してみてください。エコカーの生産台数、車のデザイン、どの業界の株を買うか、こういった判断を倫理学者が下し、報告書をCEO（最高経営責任者）に提出するとします。資本主義は、完全に変化するでしょう。倫理学者たちが「ああ神よ、これを実行すると、私は二〇〇もの人間を殺めてしまう！」と叫ぶからです。

「これを実行すると車の価値が上がるが、（サプライ）チェーンの末端にいる者は死ぬ」という可能性は、今は完全に隠されています。実際にはトヨタに倫理学者のチームがいることはないので、この可能性が表に出ることはありません。いるのは経済学者ですが、経済学者は誰かが死ぬかもしれない、という可能性を考慮に入れていません。我々は倫理学者が介在するような構造を持つべきです。**倫理資本主義**は完全に可能です。このことを今まで提案した人がいない理由は極めて単純で、どの倫理学者も資本主義を批判しているからです。

資本主義はある意味、避けられません。我々は労働に対して価格をつけなければならないからです。根っからの共産主義者に会ったら、私は必ず「あなたは労働の役割分担をすっかり廃止したいのですか?」と聞くことにしています。すると彼らは「そうだね、やはり廃止しなければならない。労働の役割分担はだめだ」と答えます。「がんばってくれ!」としか言いようがない。なぜならそれは、マグロを食べたいと思ったらまず海に行ってマグロを捕獲するところから始めねばならない、ということを意味するからです。マグロを切るナイフをどこで調達するのか。自分でナイフを作らねばならなくなります。夕食にありつくことができません。労働の役割分担がなければ、餓死するのです。労働の役割分担は避けられません。

でも実際は正しくそれがなされていないのです。資本家を含めて我々は皆、資本主義は悪にならざるを得ないという前提に立っているからです。でも、(本来は)資本主義は悪になる必要はありません。これは近代化の偶発的な副産物なのです。

「コ・イミュニズム」という提案

だから倫理資本主義と呼ばれるような、他のシステムが必要なのです。私が提案するモデルは、**co-immunism（共に免責し合う主義）**です。我々にはcommunism（共産主義）よりもco-immunismが必要なのです。これはペーター・スローターダイク[※1]から私が借りた表現で、彼はまったく別の意味で使っていますが、私がここで想定するのは「すべての人、社会システム、グローバル社会の一員、誰もが——そこにはもちろん国民国家も含まれます——協力のモデルに基づいて動く」という意味です。京都学派の誰かも似たような思想を持っており、当時はcooperationism（協同主義）と呼ばれていました。それもいい考えだと思います。

社会のすべてのレベルにいる人が協力しなければなりません。社会のゴールは、企業のゴールも含めて「人間性の向上」になるべきです。収入の増加ではなく、モラルの進歩を目指すのです。これは完全に実現可能です。

フェイスブックはモラリティの提供を約束しましたが、その約束は実行されませんでした。提供したのはその逆です。彼らが提供したのは解放でした。誰もが自由になれるというものです。そうやって彼らは儲けたのです。対して、モラリティを売っているふりをせず、

本当にモラリティを売っている会社があったなら、その会社は持続可能な超巨大企業になるでしょう。

ともかく、とやかく言わずすべての企業に倫理の専門家を雇わせて、資本主義を修正すべきです。企業には数学モデルの専門家がいます。ですから数学的思考や統計的思考はどの会社でも十分にできています。でも、倫理学者はどこにいるのか？　ゼロです。カリフォルニア州の企業には、倫理学者を置いているところもあります。私は今セールスフォースやグーグルなどの企業と協力していますが、そこには倫理チームがあります。小さいチームですが、一応あります。これが世界のモデルになるべきです。ＣＥＯたちはとやかく言わず、彼らの言うことに耳を貸さなければなりません。それで多くの問題が解決するでしょう。

私は今ドイツの企業と協力して、まさにそのようなモデルを確立しようとしています。それこそが資本主義の危機を解決する方法です。普遍主義について前述しましたが、正気なら、誰も窓から三〇人の乳児を放り投げたりしません。今大企業がしているのは、何千人もの乳児を窓から放り投げているのと同じことです。でも彼らはそのことに気づいていません。彼らにとっては、それは抽象的な考えだからです。実際に窓から放り投げている乳児が目に見えないからです。

同様にナチスドイツ下では、ユダヤ人が殺されていることを一般のドイツ人は知っていました。でも彼らはそれを目撃したわけではありません。だからこそユダヤ人が最終的には拷問を受けて死ぬというシステムに賛同できたのです。目に見えなかったからです。見えない苦痛など、痛くもかゆくもありません。苦痛を受ける本人以外にとっては、ですが。

会社の中に倫理委員会が設けられ、委員会の役割が定められれば、彼らはきちんと報酬を得られます。完全な雇用保障、職務保障も得られます。大学の終身在職権（テニュア）のように、解雇されないモデルが設けられるべきです。

短期的な企業利益に偏らない方法

つまり、CEOが出す決断に倫理学者の指摘が影響するということです。たとえば、今アルゼンチンはレモンを大量にアメリカへ売っています。アルゼンチンの農業セクターに、倫理委員会ができたとする。委員会は、二酸化炭素の排出量や、除草剤の使用量を調べます。数学者や科学者の助けを借りて、この取引の結果どれくらいの動物と人間が死に、どのような状況下で苦痛を感じるかといった現実的な査定をCEOに提出します。CEOはレモンを売るという決断に署名する前に、倫理学者のプレゼンテーションを聞かなければならないのです。

あなたがその会社のＣＥＯで、私があなたに「約五千人がひどいガンになって死にます。みんな貧しくなります」と言って、どんな風になるか写真を見せた、と想像してみてください。あなたは自分の決断に署名するでしょうか。私は疑問に思います。あなたはきっと、「もっといい解決法を見つけましょう」と言うでしょう。そう言うＣＥＯは、少なくとも数名は出てくるはずです。そう言わないＣＥＯは名前がさらされます。終身在職権を持っている倫理委員会によって内部告発されるからです。すると、そのＣＥＯが会社を去らねばならなくなるのは時間の問題でしょう。それが解決の形です。

「それはいいアイデアですが、実現は難しいでしょうね」としばしば言われます。しかし、ＣＥＯたちがそうしなければ、我々は皆死ぬのだ、という事実を、人々に知らしめなければいけません。これは提案の一つで、資本主義の危機を解決するには他にもたくさんいい提案がなされるはずです。ここからは私の仮定ですが、もし我々がその危機を解決しないと、人類すべてとは言いませんが、何億という人間が今後一〇〇年以内に大災害で死に絶えるでしょう。人口過剰、食糧生産の不足など新しい状況が生まれるからです。

たとえば、約八〇億人のために十分な食糧を栽培するためには、農業も改善しなければなりません。これには今、ドローンや地上のロボットが必要とされています。日本はこの領域で世界をリードしており、持続可能な方法を模索しています。そのように、今全人類にとって抜本的な解決策を見つけなければ、すべての人間は死に絶えます。

自分の子どもをこんな目に遭わせたいと思うCEOは一人もいません。だからこそ、今これをしないといけないのだとCEOを説得しなければなりません。CEOの考え方に合わせ、ビジネスとして彼らに主張しなければなりません。倫理的になることで企業は生産性を上げ、金儲けができるようになる。いつの日か、そのことを数多くの超有力企業たちに納得してもらう。それが私の目標です。

co-immunismという概念を作るべきだというのが私の提案ですが、こうしたものが欠けてしまうと、人類の問題は解決できません。この問題は、誰かが解決しなければならないのですから。

グローバル化と国民国家の弁証法から生まれる「自己グローバル化」

すでに述べた通り、資本主義は国民国家と密接に結びついています。しかしグローバル経済というものができ、国民国家の土台をある程度壊している。これがもう一つの問題です。それと同時に、三つ目の問題も浮上している。国民国家とグローバル化ないしは「自己グローバル化」していく経済の間に生じる、弁証法ともいうべき現象が、保護経済にもグローバル経済にも参加しない国々との間に、新しい形の破壊の波を創り出しています。参加できない国々とは、具体的に言うとアフリカなどの国々です。

人類の約三分の一は、そのシステムにさえも入っていません。彼らは外からはまったく見えないようにされています。この弁証法がそういう人たちを生み出しているのです。もしあなたが一週間貧民街で、食べ物になる、あるいは売り物になるかもしれないごみをあさって暮らす子どもたちと一緒に過ごさざるを得なくなったとしたら、私が今話していることがわかるでしょう。多くの人にとって、それが日常の現実なのです。今の数字がどうなっているかわかりませんが、ともかく、かなりの数の人がそうした状況に置かれています。ごみが使えるか否かで命が左右されるという状況に。

非常に深刻な状況です。そのような人は一人も生み出してはいけません。前述した「道徳（モラル）の普遍性」に話を戻すと、この状況について真剣に考えたら、「いや、私はそれで大丈夫だ」と言える人などいないはずです。ステーキを食べるとき、あなたのステーキが原因で苦しんでいる子どものビデオを見なければならないと想像してください。そのうえで、子どもを苦しめないエシカル（倫理的）なステーキと、子どもを苦しめる非倫理的なステーキが提供されるとする。早晩、非倫理的なステーキを食べる人はいなくなるでしょう。ステーキ自体を心から楽しむこともできなくなります。今我々が置かれているのはそういう状況です。我々はこのことを目に見えなくしたのです。その戦略の一つが保護主義です。「これは国益になるぞ。お前らはアフリカ人になりたいのか？　いや、誰もなりたくないだろう。だから国を保護しよう」というストーリーで正当化しているのです。

資本主義が生み出す「内なる他者」

資本主義は「内なる他者」を生み出し続けている。資本主義の構造がそうなっているからです。現代の資本主義は、必然的に搾取されるグループを作り出すようになっており、そのグループは膨大な数に上ります。

自分が消費したいと思う製品を作っている人、それが「内なる他者」です。たとえば自分が運転する車を製造した人、それが「他者」の第一レベルです。ただ、車がどこで製造されているかによりますが、製造者はそれでもまだ人権を持っているほうでしょう。私はドイツ車を運転していますが、それが実際どこで製造されているかは知りません。ドイツではなく、どこかです。ドイツは製造ラインのどこかに関わっています。

車のタイヤのゴムはどこから来ているでしょうか。私の車のためにそのゴムを製造しなければいけない人は、十中八九、より精巧な技術研究所のシナリオの中で物を組み立てる人よりも、ある意味ひどい労働環境にいるに違いありません。それが「内なる他者」です。

私は大学までバスで通っていますが、そのバスを運転したいとは思いません。バスの運転は別の人がする。でもその運転手にとっては、何の仕事もなく飢餓に苦しむよりはバスを運転するほうがずっといい。生産の連鎖により、飢餓、バスの運転手、そして生活の心配など一切する必要がない超億万長者に至るまで、一つの鎖でつながっています。億万長者には億万長者なりの悩みがあるでしょうが、ともかくこういったヒエラルキーがあります。

問題は、このヒエラルキーが下降レベルの勢いを弱めていないということです。相対的に見ると、下層の人々にとって状況はよくなっているでしょう。でも**絶対的に見ると、下層にいる人の数がこれほど多くなったことは人類史上ありません**。絶対数が増えているからです。相対的なレベルが上がろうが下がろうが、下層レベルにいる人の絶対数は増えています。

グローバル資本主義は、人類が今まで見たこともないほどの貧困を生み出しています。前述したように、スティーブン・ピンカー氏は、「世界から貧困は減っている」と言いましたが、彼はただ相対分布を見ているだけです。相対分布もいいストーリーですが、本当に問うべきは「何に対してどうなっているか」ではなく、「製品を生産している企業のせいで、何人が餓死するのか」です。その点では、今日ほどひどい状態はありません。

モラル企業、そしてモラリティの資本主義とは

日本もドイツも、たとえば中国やアメリカとは対照的にはるかに経済成長が遅くなっていますが、それはあまりにも長い間、いいアイデアを発案していないからです。今は変化の速度が速いので、一〇年ごとに新しいアイデアを発案する必要があります。それも、かなり新奇なアイデアを。アメリカ人は第二次世界大戦後、一〇年ごとに新しい技術的アイデアを思いついています。技術面以外でもそうです。我々に必要なのは、そういうアイデアなのです。

日本はデジタルテクノロジー分野において画期的なアイデアをさまざまに思いついてきましたが、ここしばらくはいいアイデアが出てきていません。こういう国々、特にドイツと

日本は何かしなければなりません。どちらの国も産業の多くを自動車産業によっていますから、ドイツか日本が自動車のＥＣＵ（電気コントロールユニット）の問題を解決すれば、それが次のアイデアになるでしょう。

明らかに、次に来るべきアイデアは、環境危機の解決にあると思います。私が「**モラル企業**」と言ったのはそういうことです。環境危機を解決する企業は、二十二世紀の政治構造を決定することにもなるでしょう。

ですから次のステップは必ず、本当に環境に配慮したアイデアを生み出すことになります。科学者たちがクリーンな形の核エネルギーを発見したらどうなるか。ドイツは最近何度か試みましたが、いずれもうまく機能しませんでした。原子力発電の代替を発見しても、うまく作動しなければ意味がありません。きちんと仕事をするものが必要です。恐らく、物理的にきちんと働くものは作れるでしょう。核融合ではなくて、他のものである可能性もありますが、まだ発見までには至っていません。アイデアを思いついた国は、どこであれ二十二世紀を代表する場所になります。

次のステップは、善行からお金儲けをする、まさに「**モラリティの資本主義**」になります。非常にシンプルな方法ですが、今までに着想したのは、ある一団体を除いて誰もいません。思いついたのは誰か――それはカトリック教会です。私が知る限り、人類史上もっとも成功した「会社」です。エジプトの神官たちもいい線までいっていましたが、近年、つまりこの五〇〇〇年でもっとも長く続いている「企業」はカトリック教会です。彼らは何を売っているか？　何も売っていません。彼らが売っているのは達成されるか定かでない約束だけです。

キリスト教の信者は、プロテスタントなどを合わせると約二五億人に上ります。[※2] かなりの人数です。フェイスブック利用者よりも多い。カトリック教会が売っているのはモラリティで、あなたが得られるのはそれだけです。

ドイツでは、たとえばカトリックかプロテスタントでいるには税金を払わなければなりません。給与から税金を引かれるのです。六％くらいだったと思いますが、結構な額です。ともかく、次に起きる大きな出来事は「モラリティの資本主義」であることは確かです。

今先進国ではものがあふれていて、消費意欲も落ちています。

では、**あなたが次に買うものがより善き生活（better life）である**と想像しましょう。すでに何もかも持っているし、車もある。それでももっといい車が欲しいか、興味があるかと問われたら、私はそこまではありません。車は環境破壊をすることがわかっていますし、今ある車で十分です。でも、誰かがこんな取引を持ちかけてきたらどうでしょう。二年ごとに自動的に車を買い替えることができる定期サービスです。現在持っている車より高級に、しかもエコロジー面で優れた車に買い替えられる。そんなサービスがあったら、私は登録するでしょう。

携帯電話でも同じビジネスが考えられます。今はスマートフォンが壊れたら買い替えるのが普通ですが、新しい電話を買うことは環境破壊につながる。ですから買い替えることでエコにつながるという定期サービスを作るのです。あるいは新しいスマートフォンを入手すれば、(利益の一部が還元されて)アフリカに学校が建設される。一〇年定期サービスを契約すると、一〇年後にはあなたのお金で建設されている学校を見に行くことができる。旅費も出るし、現地では子どもたちにも会える……こうなると、皆その定期サービスに登録するでしょう。

これから作るべきは、**高価だからこそ「贅沢品を買った」と誰しもに満足感を与えるような、環境に配慮した定期サービス**です。消費者マインドを利用しなければなりません。非常に高価なものを買おうとしたら、そのために努力しなければならないでしょう。こうしたシステムの下では、そうした努力が最終的には人々の人間性を向上させることになります。

人々は高価なものを得ようと必死になるでしょう。このように購買意欲を煽ることは簡単だと思います。

平均的人生が大雑把にどのようなものになるか社会学者や企業によって研究されて、自分の人生のどの移行期も、定期サービスのオファーを受けるようになったらどうなるか。サービスを提供する側の競争もあるので、真の資本主義になります。これらサービスのすべてに環境保護の趣向が備われば、実現は可能になります。我々が今抱えている問題への抜本的な解決策になるでしょうね。

統計的な世界観から逃れるために

「グランドセオリー」を構築せよ

サッチャリズム、レーガノミクスから始まったネオリベラリズム（新自由主義）[※3]は、現在ますます力を増し、人々はその前に屈してしまっているようにも思えます。ポストモダン思想は意図せずしてネオリベラリズムに手を貸したと言えるでしょう。ネオリベラリズムをポストモダン思想で正当化するのは簡単です。というのもネオリベラルな人は「ほら、何でもありだ。だからこれもＯＫだ」と何も考えずに言うからです。ポストモダン思想には批評のパワーはありません。ポストモダン思想が唯一批判するのは、非常に独善的な考えを持った人や、非常に強い信条を持った人、それだけです。むしろ反対にポストモダン思想が批判できないのは、統計しか信じないフレキシブルな人です。

そこには明らかに関係があると思います。多くのネオリベラルの理論家は直接的、間接的にポストモダン思想を持っています。統計的な世界観は我々が考えているよりはるかにポストモダン的です。モダニティは、もともと非統計的事実をもって機能しています。啓蒙は統計的世界観を持っていませんでした。確率計算は啓蒙時代に発明されました。つまり、統計的な世界観は十九世紀に誕生し、二十世紀に本格的になったということです。

ネオリベラリズムの呪縛から逃れるためには、ビジネス倫理（経営倫理）を変えること、**経済に倫理観を取り戻す**ことです。ネオリベラリズムの自滅に関する素晴らしい例が、現代のイギリスです。文字通りもっとも無能な政治家であるボリス・ジョンソンを首相に選んだという事実です。彼はドナルド・トランプのような人物だと思われていますが、実際はまったく違います。ドナルド・トランプは、彼を嫌いな人がどう言おうが非常に有能なビジネスマンです。目を見張るほど成功した人です。ボリス・ジョンソンはトランプと比べると富もないし、単なる小者だと思います。

未だ衰えを見せないブレグジットやそれを取り巻く闘争により、イギリスの自滅が起きました。今後も彼らは互いの足を引っ張り合うでしょう。イギリスほどネオリベラルな場所は他にありません。彼らは相反する力を戦わせ、どんな結果がもたらされるか確率を計算することが善であると信じ切っています。純粋に統計的な世界観です。目的にどうやって達するかはどうでもいい。とにかく利益を求めて戦うのです。自由はそのうちに達成されればいい、と思っています。

これはハイエク理論の元になった考えです。経済学者のフリードリヒ・ハイエク[※4]は、統計的世界観は自動的にすべての人の自由度を上げると考えていました。それが彼のイデオロギーの一部です。しかし、イギリスを見ればわかるように、それは間違いです。ボリス・ジョンソンやナイジェル・ファラージ（ブレグジット党党首）に投票するのが自由だと思うのなら、あなたの自由概念はずいぶんゆがんでいます。私のアメリカ人の友人は、アメリカの自由はホームレスになる権利であると言いますが、それのどこが自由なんでしょう。ホームレスになれると聞いても、嬉しくもなんともない。それは自由ではなく、人生における脅威です。

新しい実在論vs.ネオリベラリズム

イギリスに対しても同じです。ブレグジットに投票した人は、自分たちの自由を誇示したと思っています。ナイジェル・ファラージやボリス・ジョンソンが間抜けであることは誰もが知るところだというのに、まったくの頑固さから、「我々はこれを望む」と言ってブレグジットに投票したのです。そして誰も対策を打とうとしません。ネオリベラルなモデルが、頑固さと統計的エビデンスがあれば行きたいところに行けるとそそのかすからです。価値観なんて必要ない、ネオリベラルなシステムはそれだけで機能する、彼らはそう信じています。でなければこのような議会を持つようなリスクは冒さないでしょう。

なお、アメリカはイギリスのような意味でネオリベラルではありません。アメリカは価値という概念、たとえばアメリカの優位性に基づいて動いているからです。純粋な統計や経済戦争、ゲーム理論に加えて、アメリカには非常に強力で非常に保守的な価値体系があります。結局のところアメリカは、全体的にとんでもなく保守的なコミュニティなのです。それがあるからこそ、一丸となってネオリベラリズムに抵抗できるのです。でも、イギリスはそうではありません。

こうした状況の中で、「新しい実在論」がネオリベラリズムに抵抗してできることは何でしょうか。**「新しい実在論」は、人間の行為主体性について、あるいはアクター（動作主体）であることについて、新しい概念を我々に教えてくれます。**新実存主義（neo existentialism）——これは「新しい実在論」における人間の行動理論のことです——は、完全に合理的なものとして人間をとらえています。人の合理性は統計的な事実ではないと考えるので、人間の概念が変わります。

「新しい実在論」を唱える我々は、個々のアクターにしっかり向き合います。単なる、社会システムにおける確率関数として見るようなことはしません。これが「新しい実在論」です。**ネオリベラリズムは、人間の存在を捨象したシステムです。**特定の人が存在しようがしまいがどうでもいいという見方をします。それがネオリベラリズムの根本的な間違いです。

「グランドセオリー」の構築が必要だ

このような、資本主義が人類を滅ぼしかねない状況の中、それを防ぐために、今私は多くの学問分野の中から適切な分野と協力し、「グランドセオリー」※5を作ることに取り組んでいます。複数の著書で詳細に展開していますが、いろいろな人に声をかけ、セオリーの構築に手を貸してもらっています。今は自分の主張をしているだけですが、将来的には客観的な主張を目指しており、セオリー構築に力を貸してもらいたいと考えています。

我々にはグランドセオリーが必要です。マルクスの『資本論』も、甚大な影響力を持ったグランドセオリーでした。ヘーゲルの観念論もそうです。それらは近代の偉大なるセオリーです。現代の出来事に影響を与えました。西洋ではアダム・スミスもジョン・ロックもそうですし、東洋では毛沢東が当てはまります。多くのグランドセオリーがあります。

ただ、我々に本当に必要なのは、新しいメガセオリーです。経済システムを完全に変えるようなセオリーでなければなりません。なぜなら今、大学の研究部門の組織は、現代資本主義で人々に害を与えるような労働の役割分担を模倣しているからです。大学はそれ自体に目標を定義していません。経済システムの目標は、人間性を向上させることであるべきです。**すべての学問分野は、同じ一つの目標を持つべき**です。その目標とは、「**人間、そして人間の幸福（ウェルビーイング）の条件を理解すること**」です。

普通なら、私は宇宙の構造を解明するといった類の研究にワクワクします。しかし宇宙の構造がどうであれ、人類の生存という方面には一切関係ありません。現実世界に好奇心を持つなと言うわけではありませんが、エネルギー問題の解決を後回しにして宇宙の構造を調査する必要があるでしょうか。想像してみてください。物理学者たち全員が、各自の分野でエネルギー問題の解決という目標に向けて研究をしてみたらどうなるか。研究結果が発表されるやいなや、ノーベル賞受賞者が次々と生まれ、すべての研究結果がすぐに政府に採用されるでしょう。そうなったらまた基礎物理学をやればいい。

物理学者も、一度くらい役に立つことがあるかもしれません。はっきり言わなければなりませんが、この惑星を破壊したのは物理学者たちです。よく哲学は役立たずで物理学は役に立つと言われますが、それは間違いです。物理学は人類に甚大なダメージを及ぼしました。

物理学は本当に、そろそろ何か役に立つことをする必要があると思います。哲学者はすでに始めています。人類を救うためにグランドセオリーを構築しています。物理学者も同じように役立つべきだと私は思います。

【注】

※1　ドイツの哲学者、社会学者、随筆家。著書に『シニカル理性批判』など。

※2　二〇一六年時点。東京基督教大学JMR調査レポートより。

※3　市場原理主義を重視し、規制緩和や行政の民営化を推進することで経済成長を目指す思想。

※4　新古典派と呼ばれる、数学を使って経済を分析する経済学派の創始者の一人。自由主義思想の代表的な思想家に数えられる。

※5　アメリカの社会学者、C・ライト・ミルズが提唱した言葉。特定の社会や経験に依拠しない、社会や人間の経験についての広範な理論化を指す。

第Ⅵ章　テクノロジーの危機

「人工的な」知能、ＧＡＦＡへの対抗策、優しい独裁国家日本

自然主義という最悪の知の病

我々は人間を軽んじすぎてきた

私は常々、「自然主義[※1]こそが現代に巣食う最悪の知の病である」と述べています。ひと口に自然主義といってもさまざまな意味付けができますが、基本的には二つの要素に集約されます。一つは形態学的《モルフォロジー》なもので、もう一つは人間の文明に多大な影響をもたらすものです。前者はイデオロギーで、後者はそれらを現実化させたものです。この二つはワンセットになっています。

まず前者について説明しましょう。自然主義のイデオロギーとは、「自然科学の対象にならないものは、この世に存在しない」というものです。ユニコーンは存在しない、なぜなら動物学が進化の系譜の中に発見していないからだ、と考えます。マンガのキャラクターや夢の中に出てくるものなども、すべて架空の産物なので存在しないと考えます。

では存在するものは何かというと、たとえば脳の状態です。神経科学によって脳の状態を計測することができるからです。架空のものを生み出しているのは、ひとえに我々の脳だというのに。「自然科学が存在すると認めるものだけが本当に存在するのだ、自然科学だけを信じよ。常識や文学論、政治学、自分の感覚といったものは信じてはいけない」――おおかですが、これが自然主義の信条です。

こうしたイデオロギーないしは形而上学的な観点を現実にするものは、自然主義の二つ目の意味です。「人間が人間性を獲得できたのは、自然科学とテクノロジーの発展のおかげに他ならない」という考えです。社会の発展などは存在しないと見なされます。なぜなら自然主義において、社会は実在的ではないと考えられるからです。ある種の霊長類がひしめき合って殺し合いをしていたのがなぜかある時止まった場所、それが社会だというのが自然主義者の認識です。過去の研究がそう示しているじゃないか、というわけです。

自然主義者は、人類をまるでチンパンジーのようにとらえます。哲学者で自然科学者としても知られるレイモンド・タリスの著作に『猿真似する人類』(原題は"Aping Mankind"、未邦訳)という本がありますが、こうした自然主義者たちは、我々人類のことを「殺し合いをする類人猿よりはいくらか哲学的な存在」くらいにしか思っていないのです。

自然科学は価値を論じることができない

問題は、「自然科学とテクノロジーの発展こそがすべて」という考え方が、今まさに地球を破壊しようとしていることです。この考え方こそ、化石燃料、原子力、飛行機、人口過多、新種のガンなどを引き起こしています。いわば人類滅亡の自動装置です。自然科学とテクノロジーの発展によって、これが達成された、あれもわかった、などという知識にばかり目を向けていると、自然科学の本質を見誤ります。

私は、科学的実在論者（scientific realist）です。自然科学は物事を正しくとらえるものだと思うからです。フェルミ粒子もボース粒子もＤＮＡも、確かに存在する。それらの存在を否定しているわけではありません。自然科学の問題は、倫理観を否定していることにあります。自然科学の観点からでは、倫理学を研究することはできません。**世界に存在する物事の価値は、自然科学では見出すことができない**からです。物理学の世界では、人間について研究するときに「ある動物の行動」という見方をします。しかし「動物の行動」なんて見方では、人間の価値を認識することはできません。価値とは行動規範のことで、行動規範とは、たとえば「人殺しはいけない」ということです。聖書にある「汝《なんじ》、殺すなかれ」です。

それでも、人は時に殺人を犯します。だからこそ殺人の禁止という行動規範が必要なのですが、**自然科学者にはこの行動規範という概念がありません**。「殺しをする人間もいるし、しない人間もいる」という観点でしかものを見られない。行動経済学がそうですが、着目するのは人間の行動だけです。行動規範にはまったく気づかないし、行動規範の存在を否定してしまいます。それは、自然科学がこの地球上で現在もっとも破壊的な要素であることを意味します。気候変動が起きているのは、自然主義の責任です。気候変動を解決するのは科学の力だと思われがちですが、実際は、科学が要因を作っているのです。

科学への信奉は原始的な宗教への回帰のようだ

「世界史の針が巻き戻っている」ということは、自然主義においても言えることです。そもそも自然主義は、哲学的に見れば非常に原始的な考え方です。初めて提唱したのは、「ソクラテス以前の哲学」と呼ばれる、紀元前六世紀頃に地中海沿岸で突出していた哲学です。当時は注目を浴びました。さらに、デモクリトスが「この世には原子と空虚しか存在しない」と原子論を述べ、他の哲学者たちも万物の根源は火だとか土だとか、あるいは火・土・水・空気の四大元素にもう一つ加えたものだとか、いろいろな説を唱えたのです。彼らが初期の自然主義者で、ここから物理学も起こりました。

今、多くの自然科学者たち――とりわけ公の場によく顔を出している人たちは、哲学的な主張を頻繁にしています。理論物理学者であった、故ホーキング博士のベストセラーなんて、物理の話はちっともしていません。方程式が一つ書いてあるくらいです。物理学は方程式がすべてだというのに。彼の話を聞くくらいなら、フィリップ・K・ディックのSF小説[※2]を読むほうがよっぽどいい、と私は思いますよ（笑）。

これが自然主義の問題です。権力者、政治家、文部科学省の人間を含む多くの人が、科学者のところへ行って何から何まで意見を仰ごうとする。企業だったら、経済学者に万事意見を聞く。しかし、彼らはそんなことにまったく向いていません。学者に専門外のことを聞いてはいけない。さもないと、でたらめなアドバイスをもらうことになります。

科学の進歩という考えは、原始的な宗教のようになってしまいました。こうなると、もう真正の迷信です。我々は、こうした科学主義の「科学の進歩が人類を救う」という迷信と闘わなければならない。

人類の救済は自然科学が行うのではありません。しかし、昨今人々が信奉しているのは、まさに「人工知能のおかげでガン撲滅できる」といった考えです。仮にガン撲滅の日が近いとして、それならなぜ我々は未だに飛行機に乗っただけで中耳炎にかかるのか？　中耳炎が解決できないのにガンはなくせるなんて、どう考えてもおかしいでしょう。

メディアが喧伝する「科学的成果」に騙されてはいけない

ソーシャル・メディアが、科学的なニュースをどう報じているか考えてみましょう。フェイスブックやツイッター、はたまた他のオンラインメディアでもそうですが、どこも毎日のように「科学的な新発見があった」と報じています。中国で遺伝子編集ベビーが誕生した、などといったニュースを日々耳にしていると、やがて毎日世界のどこかで二〇〇もの人がノーベル賞を受賞し、一〇年以内には具合が悪くなることなど一切なくなるかのような印象を抱くようになります。ところがある日具合が悪くなり、病院に行って、たとえば膀胱《ぼうこう》ガンだと宣告を受ける。医療が進歩しているこの世界で自分だけが病気にかかる——もう、それで人生おしまいという気分になります。

もちろん、ガン研究は日々発展を遂げています。でも、解決すべき課題は未だ解決からは程遠い。医療が約束した未来に近づいてすらいない。それが現実です。人工知能研究というのは正直コンピューター科学に毛が生えたようなものですから、もちろん何かには役立つでしょうが、コンピューターの新製品ができるだけに過ぎません。そんなことに金をつぎ込むくらいなら、本物の医学研究に投資したほうがましです。

もちろん全員が全員そうではありませんが、昨今は医者たちのほうでも人工知能に助けてもらえるんじゃないかと考える人たちがいます。ビッグデータ解析によって、たとえばガンを発見するアルゴリズムの質が上がるんじゃないかと。そんなことは起きません。なぜ起きないか、私でも根拠と証拠を挙げることができます。医療機器や病気の早期発見の質向上によって、医学的な進歩が生まれるのは疑いようもない事実ですが。

今起きているのは、まごうことなき夢物語です。人類全体が集団催眠にかかっていると言ってもいい。カリフォルニア州の文化[※3]は、一種の宗派のようなものです。美しい土地で私は好きですが、この州であまりにも多くのドラッグが合法になっていることを忘れてはいけません。カリフォルニアが生んだスティーブ・ジョブズのような起業家たちの精神は、ＬＳＤ（幻覚剤の一種）三昧のバーニング・マン・フェス[※4]と同じようなものです。正気じゃありません。

散漫な思考はクリエイティビティには大切ですが、実知識においては、厳しい集中力と散漫な思考の組み合わせが重要です。インターネットが我々にもたらすのは散漫な思考、ドラッグ中毒の子どもたちの精神だけです。それが人工知能というものなのです。

知識とイデオロギーを分けて思考する

「人間の定義は、『一生懸命動物にならないようにしている動物』であり、だからそこに技術がある」と、私は主張しています。技術を肯定的に見ることと、自然主義とは分けて考えねばならない、ということです。

私は、自然科学の知識を批判しているのではありません。我々は「我々が知っていること」を知っています。知識を批判するわけがありませんし、それどころか全面的に肯定します。我々は、人間というものについて実にたくさんの知識を持っています。現在、自然科学における多くの領域が新たな危機へと突入しています。

たとえば生物学では、フランシス・クリックやジェームズ・ワトソン（DNAの二重らせん構造の発見者たちと言われている）ら還元主義者の考えが誤りだということがわかりました。もちろんDNAの存在自体は誤りではありませんが、彼らが当時述べていた、生命体はDNAの塩基配列のみによって決まるという説は誤りです。今ではエピジェネティックな（DNAの塩基配列の変化を伴わない）効果や、精神による因果関係もあることがわかっているでしょう。肉体の行動は、経験や環境で変えることができるのだと。細胞の行動は、食べ物で変わります。細胞が人間の食べ物を一方的に規定することはなく、細胞にこんなものを食べてはどうかと提案され、それに対して人間が反応するという組み合わせで成り立っています。

私は現在、宇宙論の世界的権威であるジョージ・エリス氏と一緒にトップダウン要因に関する論文を書いているのですが、この世界の「因果の線[※5]」というものは、人間すべてから遺伝子発現に至るまで、多くがトップダウン（上から下）で進むようなのです。還元主義者の考えは「遺伝子、原子、電子といった小さな要素の存在が大きな物体を作っている」というボトムアップ（下から上）でしたが、これが間違っていました。ボトムアップの考えを私は「レゴ中心主義」と呼んでいますが、リアリティ――少なくとも物理学のリアリティ――は、レゴ（各パーツのブロックを組み合わせて作る玩具）のようには働きません。

量子メカニズムを見れば、これが誤りであるとわかります。量子現象は、小さな部品を組み立ててテーブルを作るようには働きません。でも人々は、宇宙の仕組みはそういうものだと思ってしまっています。これも幼稚な幻想です。我々は、もっと科学の知識を受け入れるべきなのです。

一方、科学の知識――この場合は生物学の知識――と我々の常識が一致しているのが、

「我々人間は動物である」という認識です。最近やっと、人間が真に動物であることがわかりました。でも、時に人は真実とわかっていてもそれを否定してしまう。なぜでしょう。七〇年代、八〇年代から最近にかけての現代哲学では、ある単純思考がなされています。これを、私は現在執筆中の著作でも「**生物学的外在主義**（biological externalism）」と呼んで引き合いに出していますが、それはつまりこういう考え方です。実に単純です。

たとえば、宇宙に関する驚くべき新発見が生まれたとしましょう。「H_2O分子なしに水は存在しない」というような。ともかく、H_2Oがなければそれは水ではない。水をすくって見てみると、純粋にH_2Oだけの液体はなく、常にその他の要素も含まれる。けれど、ひとすくい、ひとしずくの水には例外なくH_2Oが含まれる。含まれなかったら、それは水ではない。これが事実です。

十九世紀までは、誰もこの事実を知りませんでした。H_2Oはまだ発見されていなかったため、水とは何かを知っている人はいなかったのです。一度「水とはH_2Oである」と発見されたら、その事実は覆せません。「もしH_2Oじゃなかったらどうする?」という問いはありえません。水は議論の余地なくH_2Oです。

しかし、今の人工知能研究がやっているのは、「人間の思考は、この地球で何百万もの年月をかけて進化したひとつの生命体を必要としている」と発見した、と言っているようなものです。人間の思考は、生物学的なものです。それはH_2Oが水であるのと同じです。思考がなければ人間とはいえない。そこには神経細胞などその他の要素もあるけれど、人間を人間たらしめるのはそうした要素ではありません。人間の神経は脳ではない。けれども、脳のない神経はありえません。ちょうどH_2Oのない川の水がありえないのと同じくらい、それは事実です。

ですから、「もし知能がシリコンだったらどうする？」と考えるのは誤りです。シリコンなんかではない。**知能は生物学的なものです**。シリコンだったら、と考えること自体ばかげています。Silicon Valley は、シリコンバレーではなく「愚かな（silly）詐欺師（con）の谷（valley）」とも言えるかもしれませんね（笑）。

人工的な知能など幻想だ

ライプニッツの法則で人工知能を哲学する

ですから、人工知能が人間の脳に取って代わる未来は永久に来ません。人間に取って代わるどころか、人工知能のある未来は来ませんし、そもそも人工的な知能の存在というのも幻に過ぎません。存在するのは、いわば複雑なフォルダです。世界初のホームページのURLは「http://info.cern.ch」ですね。見落とされがちですが、インターネットはスイスが発明したのです。ティム・バーナーズ＝リー[※6]が作ったのが、世界初のホームページです。

このホームページは、単純明快です。ファイルが複数あり、ハイパーテキストがある。ティム・バーナーズ＝リーはテクノロジーのスペシャリストだったために、非線型のテキスト、つまりファイルを複数作ったということに過ぎないのですが、では、もっと物理的なファイルを思い浮かべてみてください。インターネット、この場合ウェブというのは、そもそも物理的なものです。

物理的な、旧《ふる》き良き紙のフォルダです。出生証明書や高校の卒業証書が入っている。それを「知能」だとは、間違っても思いませんね。出生証明書の後に高校の卒業証書が続き、その後にたとえば賃貸契約書が、一定の順序に従って並べられる。これはデータ処理です。紙のフォルダも、コンピューターのデータ処理と同じなのです。

オンラインでも同様です。役所にある紙のファイルとオンラインもしくはウェブの間に、存在論的な違いはありません。オンラインのほうがわずかに複雑であるとか、違う意味で複雑だというだけで、両者とも同じものです。ですからウェブやプログラム、アルゴリズム、ディープラーニング――こういったものを知能だと思うなら、紙のフォルダも知能だと思ったほうがいい。でも、そんなことは誰も思わない。だから「人工知能」なんてものが存在すると思わないほうがいいのです。これが私の言い分です。

あるのは、小賢しい人間のトリックです。メカニズム（mechanism）という単語の語源はご存じでしょう。マシーン（machine）という語から来ており、マシーンの語源はギリシャ語の"mechane"です。**mechaneは、「トリック」という意味**です。ホメロスはトロイの木馬のことをmechane、つまり「トリック」と呼んでいましたが、それがマシーンの意味なのです。だからマシーンが知能になることは断じてありえません。自明の理です。

自動化の負の側面

とはいえ、私は「人工知能が人間の労働を一部肩代わりすることができる」ということについては否定しません。世界最速のランナーよりも車のほうが速い。だから車はランニングに取って代わり、ワープロは手書きに取って代わり、旅行サイトの検索アルゴリズムが旅行代理店に取って代わる。

でも忘れてはならないのが、このような入れ代わりが必ずしもいいとは限らないことです。たとえば最近、私はかつてのように旅行代理店を利用するようになっています。旅行サイトのアルゴリズムには各地域のローカル情報が取り入れられておらず、そこまで精度が高くないとわかったからです。

デュッセルドルフにとてもいい旅行代理店があって、その店は私が何を求めているのか把握してくれています。旅行サイトは、私の希望など知りません。私が希望するかもしれないことを統計的に理解しているかもしれませんが、いつかはミスを犯します。私が通う旅行代理店は、決してミスをしません。完璧です。私のイメージではなく、私自身を調査しているからです。

ンラインの検索アルゴリズムが調査するのは、マルクス・ガブリエルの表象に過ぎません。私という人間のことは知りません。私が通う旅行代理店は、私を知っています。だから私は、秘書と相談してよりよい旅行計画を立てられるのです。秘書と旅行代理店、それにインターネット。この三者がそろえば、最良の判断が導き出される。インターネットだけでは悲惨な判断、ないしは月並みな判断になります。**インターネットの本質は月並み、これに尽きます**。むしろ、一般的でなければならないのです。ビッグデータとはそういうものでしょう。いいパターンではなく、月並みなパターンを探す。最良の説明ではなく、可能性を探すのです。可能性というのは、いいものではありません。ベルリンでオペラを観るとして、選択肢が三つあったとしましょう。三つとも、いいオペラである可能性が等しくある。ではどれを選ぶか？　可能性を求めると、恐らく悪い選択をすることになります。運よくいい選択をする可能性もありますが。

さらに、オペラの演目を三つネット上に上げ、誰でも口コミ評価ができるようにプログラムする。評価する、というところは人的要因になります。

皆さんよくご存じだと思いますが、趣味が悪い人ほどホテルの口コミを書きたがるものです。そういう人々の取るに足らない行動を、インターネットはいちいち律義に登録しているのです。

現実世界では、低評価をした人物の意見があなたの決断に及ぼす影響は何一つありません。それがオンラインになった途端、その人物の薦めに従ってしまうのです。現実では絶対に耳を傾けようとしない人の言葉を、オンラインでは鵜呑みにしてしまいます。実際に会ったら、絶対信用しないであろう人のことを。

インターネット上では、愚者が愚者にものを薦め合っている、とも言えます。それを群知能（SI）などともっともらしい名前で呼んでいます。実際は**群れの知能でなく、群れの凡庸性**です。前述した通り、インターネットというのは本質的に凡庸、月並みな結果をもたらすものです。凡庸でも、何も結果が出ないよりはましです。

他にも、オンラインでは実にたやすくフライトが探せる。とても便利です。何かしらの結果は得られる。

一九六〇年代だと、こうはいかなかったでしょう。飛行機の予約一つ取るのに、莫大な時間を費やさなければならなかった。紙のチケットとパンフレットをもらって、それをなくしたら飛行機に乗れなくなってしまう、なぜならあなたが飛行機の座席を予約していることはどこにも登録されていないからだ、という世界でした。でも同時に、持参するのはパンフレットだけでよかった。どれほど心安らかに飛行機へ乗れたことか。全席ビジネスクラスのようなもので、今のようなプレミアムエコノミーなんて代物は存在しませんでした。

その環境が今よりよかったのか、それとも悪かったのかは、私にはわかりません。でも現代人は皆、当時の環境は今より悪かったに違いないと思っています。インターネットが「我々は進歩している」と吹聴するせいです。皆、今が一番だと思っています。とても昔の時代には住めないと。本当にそう思いますか？　手書きで手紙を交換していたころのほうが、いい時代だったのではないでしょうか。

自動化によって自動的に物事がよくなっているとは、ゆめゆめ思わないことです。**自動化が最適化だというのは、昨今信じられている壮大な神話です**。たいていは逆で、自動化は物事を凡庸化してしまいます。

自動化でできた時間はさらなるネット消費に振り分けられるだけ

機械や人工知能によって時間が短縮でき、余った時間をクリエイティブな活動に充てられると言う人もいます。確かにそうですが、（グーグルやアップルなどの）カリフォルニア企業にもらった「クリエイティブな」余暇で人が何をやるかというと、ネットフリックス鑑賞です。さらにインターネットを消費する、これが現実です。我々の余った時間はシステムにデータをフィードバックするために使われ、そうしてさらなるリコメンデーションが送られてくる。完全なる悪循環です。インターネットのおかげで一日四時間も瞑想と武道、森林散策ができるようになった、なんてことにはなりません。そもそも森に行く人なんていないでしょう。毎日の仕事を終えて人が何をするかというと、今日もインターネットに助けてもらったな、さて、またインターネットでもするか、これが現実だからです。

このレベルでは、はっきりいって**インターネットが人類をよりクリエイティブにするとは思えません**。確かに知的になったとは思います。私もすべてを批判するわけではありません。

知能（intelligence）とは、与えられた時間内に与えられた課題を解決する能力だと私は定義しています。同じ課題をより速く解決することができるシステムのほうが、より知的だということです。今私が抱える課題の多くはデジタル技術によって速く解決できるようになりました。次に電車が来るのは何時か、直接駅に行って確かめたり時刻表を読んだりするよりずっと速くわかるようになりました。

人工知能をライプニッツの法則で哲学すると

しかし、機械を信用しすぎることは、大きな誤りにつながります。ちょうど、その理由を示すのにいい議論があります。いわゆるアルゴリズムや人工知能は、せいぜい動物的思考を真似たモデルに過ぎません。私が何かを考えるとする、たとえば「バケーションに行きたい」と。それが動物的思考です。さて、いわゆる人工知能のシステムはその思考を登録し、一つのモデルに変換することができる。思考をするモデルです。でも、モデルがそれの対象システムと同一の存在になることはありません。一枚の地図が、領地と同じ存在になることがないように。どんな地図も、領地にはない特徴を備えることになります。ですから思考のモデルも、思考それ自体にはない特徴を備えることになります。思考のモデルは、思考ではない。ごくシンプルな議論です。

アイデンティティ（同一性）もそうです。アイデンティティの哲学的な定義、いわゆる**「ライプニッツの法則」**がそう定義しています。**「Aの属性がすべてBの属性であるとき、AとBは同一である」**という定義です。私はマルクス・ガブリエルと同一である、なぜなら私の属性はマルクス・ガブリエルの属性だからだ。私はここに座っている、マルクス・ガブリエルもここに座っている。これは私の左手で、マルクス・ガブリエルの左手でもある。マルクス・ガブリエルは、すべて私と同じ属性を有している。私はマルクス・ガブリエルだ。これがアイデンティティです。テーブルには、テーブルの属性がすべてある、そういうことです。

さて、**もし思考のモデルに思考としての特徴が欠けていたら、それは思考にはなりえません。**思考の属性をすべて有していないからです。それゆえ動物知能のモデルである人工知能は、知能ではないのです。知能と似た別の何かです。逆は成り立たない、ごくシンプルな議論です。

機械の機能性と信用性を分けて考える

どうしてこの議論が必要なのかというと、これからお話しすることに通じるからです。コンピューターサイエンスは、経験科学です。コンピューターサイエンスは、対象となるシステムをモデル化します。所定のシステムがあり、コンピューターサイエンスがそれを研究する。だから、コンピューターサイエンスとコンピューターサイエンスが研究するものの間には差異があります。

でなければ、コンピューターサイエンスは先天的で純粋な思考になってしまいます。そうではなく、コンピューターサイエンスは何かを研究するものです。調査などを伴う経験科学ですし、間違うこともあります。ですから、コンピューターサイエンスが手段として、機械として生み出すものは、何であれ対象のシステムそのものとは異なります。アルゴリズムは、リアルな世界の思考や動物的思考のプロセスをモデル化したものではありますが、思考それ自体では決してありません。だからアルゴリズムを信用してはいけないのです。

　人間を信用したら、それなりのリスクが生じます。ただ、それなりのリスクとは人としての自由の代償でもあります。反対に、人とコンピューターとの関係から生じるリスクとは、機械においては（自立した行為者の）自由がまったくないということです。そのリスクがあるから**機械は非常にうまく働くのですが、同時に信用できないものにもなっています**。よく機能するという、その程度にとどまっています。

　信用性と機能性は、全然違うものです。誰かを信用できると思ったとき、それは相手がうまく働くからではないでしょう。相手と倫理的な関係を結んでいるからです。相手に幻滅させられることもあるかもしれない。機械に幻滅させられることはありません。機械がするのは、ただ機能を止めるだけ。それは幻滅することではありません。

我々は人工知能を評価しすぎています。我々は自分たちを過大評価し、自分たちの能力を機械に投影しています。古典的な投影です。自分たちを投影することで、機械の中で何が起きているかに目を向けていません。機械の機能というものが理解できていません。

なぜかというと、機械の設計者たちがそう望んだからです。アップルは特にそうです。中に入っているものが見えない、完璧なデザイン。アイフォンを手に取ってみてください。絶対に開けられないでしょう。開けようとした途端、大変なことになります。十中八九壊してしまうでしょう。シンプルには開けられない。機器が隠されているのです。

代わりにアイフォンには、ユーザーエクスペリエンスとその親しみやすさがあります。あまりにすべてがうまく働くので、まるでアイフォンのほうが自分より知的であるかのような印象を抱きますが、それはトリックです。アイフォンは機械です。先ほども述べたように、機械はもともとトリックという意味ですから。

ロボットと人間は同一のものではないのです。人間は動物ですが、ロボットは動物ではないでしょう。だから**人間がロボットに似た存在だと思う時点で、もう間違っている**のです。ロボットは人間と似た行動をとることもある、それは事実です。でも人間とロボットが似ているかというと、それは真っ赤な嘘です。ロボットとの同一性はおろか、類似性もありません。

お互いの機能には、類似性があります。ロボットが果物を一つ取って私に渡してくれたとしたら、そこで起きることは私が果物を一つ取って誰かに渡したときに起きることと近似するでしょう。しかし、繰り返しますが、同一性ではありません。私は手を使い、ロボットは使わないからです。ロボットに備わっているのは人の手に似た何かであり、細胞でできた手ではありません。金属の手です。

ロボットサッカーがいい例です。ロボットサッカーのチームが相手なら、どんな人間チームでも簡単に勝つことができます。私のような下手くそがチームにいても勝てます。だって、ロボットを蹴飛ばしてシュートを決めればいいんですから。ロボットに勝つ方法は、ごくシンプルです。試合を見たら、ロボットがどんなに下手かがわかります。

労働力が機械に置き換わるほど、経済は停滞していく

ただ、繰り返しになりますが、少なくとも、人工知能のおかげでいくらか仕事が肩代わりされ、新たなデジタル・ワーキング・クラスが生まれます。

労働力を機械に置き換えると、経済は崩壊します。車の製造をすべて機械が行う、すばら

しい、と人々は思っていますが、車を製造する人間がいなくなったら、製造によって利益（給料）を得ることができなくなる。だからベーシックインカムが提案されるべきなのです。それが現実です。人間がクリエイティブになる必要があると思うから、なんて理由からではありません。**自動化が経済崩壊を引き起こす**と気づくからです。でないと経済後退は免れません。

「ベーシックインカムがあれば、人々は購買を続けることができる」というのが、本来あるべき考え方です。それでも経済がどんどん後退するようなら、ベーシックインカムの金額を調整するなどの措置を取らなければなりません。

私がルイ・ヴィトンのバッグを買うと、ルイ・ヴィトンは利益を得ます。その利益、つまりお金を使って誰かがまた物を買う——こういう円の構造になっています。この円から、人が脱落していくとする。人が脱落すればするほど、人の行為も減っていきます。労働力もです。機械に対価を払う人はいませんし、機械は物を買いません。ですから、この経済循環に組み込まれている人間が機械に置き換わるほど、経済活動は停滞する。つまり我々は貧しくなっていく。

人間の労働力がなくなり、物を生産しなくなる、ルイ・ヴィトンのバッグを買えるほどの価値を生み出せなくなるとしたら、労働力、生産力、消費活動など、経済循環の中にあるすべての行為がまるごと停滞していくということです。

環境が完全に、あるいは最大限に自動化されたら、こういう結果が訪れるのです。いつの日か人々は非常に貧しくなり、人工知能のために最新のクラウドコンピューターシステムをアップデートする金銭的な余裕もなくなる。そうなれば、人工知能に支えられる労働環境は崩壊します。崩壊すると、**残るのは今まで労働を機械任せにしていたせいで働き方を忘れてしまった愚かな人間たちです**。彼らはやがて争いを始めるでしょう。今我々が生み出しているのは、このような世界崩壊のシナリオなのです。

自動化が進むことで仕事を失ってしまわないだろうかと憂慮するならば、デモに行くこと、闘うことを薦めます。民主主義、近代科学の中でやるべきことをやることです。香港で何千、何万もの人々がデモに立ち上がっている。ああいうことをやる必要があります。機械に仕事を奪われるかもしれないと怯えている人たちよ、その機械は、機能的に人間よりも劣っているんです。そのことをこれでもかというほど見せつけてやりなさい。石を投げ、機械を破壊するくらいのことをしてもいい。

立ち上がって闘う代わりに、人はインターネットに没頭して自らを愚かにしています。べーシックインカムは、そういう人たちへの口約束でしかありません。実施はされないでしょう。私はベーシックインカムに賛成ですが、福祉国家の制度として最善の解決策だと思うから賛成なのです。

我々はGAFAに「タダ働き」させられている

彼らを規制すべき理由

GAFA（Google・Amazon・Facebook・Apple）についてもお話ししましょう。権勢をふるうこの四社は、今や世界を統治しているとも言える状況にあります。GAFAの統治を止めるべく、何か規則や法律を設けるべきだと私は思います。身動きできないくらい徹底的に規制すべきです。どのような理由、方法、法制度で、など議論の余地はありますが、私の提案はこうです。GAFAはデータで利益を得ていますね。データム（データの単数形）とは、アルゴリズムと私が行うインプットの間にある差異です。

まず、インプットとは何かについてお話ししましょう。私がバーベキューパーティを主催したとする。写真を撮ってアップする。フェイスブックやグーグルは、そのアップされた写真から利益を得ます。バーベキューパーティ自体からでは当然ありません。でも、バーベキューパーティを主催して写真を撮るのは私です。これは労働と言っていい。私が手を動かしているのです。歯牙にもかけないような会社のために価値を生み出しています。フェイスブックが存在する前は、写真のアップなんてしようとも思わなかった。フェイスブックがなかったからです。恐らく写真を撮ることすらなかったでしょう。家族のアルバム用には撮ったかもしれません。それが、今や人々はフェイスブックのために写真を撮っている。これはつまり、人々がフェイスブックに雇われているということです。フェイスブックのために、文字通り働いているんです。

フェイスブックは彼らにいくら払っているか？　ゼロです。ですから、我々はフェイスブックに税金を課すべきです。それが解決策の一つですが、法的な問題などがいろいろありますから、難しいでしょうね。もっといいのは、税金の代わりにベーシックインカムを払わせることです。想像してみてください。**ＧＡＦＡ企業が、彼らのサービスを使っている人々に分単位でベーシックインカムを払わなければならなくなったとしたら。**ドイツでの最低賃金は一時間約一〇ユーロです。[※7]ですから、私がＧＡＦＡのいずれかのサービスをネット上で一時間使ったとする。彼らはユーザーが何時間消費するか簡単にわかります。ＧＡＦＡのユーザーなら当然アカウントがありますから、彼らが提供する価値からマイナスして、私が生み出した価値を私のアカウントに紐づけることができる。

彼らは私にデータを提供してくれます。レストランに行きたいと思ったら、レストランに関するデータをくれます。その彼らがくれる価値を一〇ユーロからマイナスして払ってもらえばいい。きっと金額に換算できます。そんなに難しいことではない。私の推定では、一時間につき七ユーロか八ユーロくらいになるでしょう。これが、よりよい解決策です。

各国政府は、我々国民がGAFAに雇われているという事実を認識したほうがいい。近いうちに、GAFAはすべてを変えるか我々にお金を支払うかのどちらかを行うと思います。それで経済的な問題の多くは解決されるでしょう。ネット検索をするだけでお金持ちになれるのですから（笑）。富豪は言い過ぎかもしれませんが、十分食べていくことはできるでしょう。

デジタル・プロレタリアートが生まれている

二〇一九年五月一日の「エル・パイス」（スペインの新聞）のインタビューでも述べたことですが、我々は自分たちがデジタル・プロレタリアート（無産階級）であることに気づいたほうがいい。一つ、あるいは複数の企業のためにタダ働きしているのですから。人類史上、こんな状況は一度も起こったことがありません。GAFAは「我々はビッグデータを吸い上げる代わりにたいへん便利なサービスを無料で提供している」などと言います。でも、実質無料ではありません。我々は気づかないうちに彼らのために働いているのですから。

たとえば、あなたが今フライドポテトを食べたいと思ったとしましょう。そこでボンの町にあるフライドポテトの屋台に行くと、「この店のポテトは無料です」と言われた。それはいい、いただこう。でも店員はこう続けます。「ポテトを受け取る前にあの畑からじゃが芋を採ってきなさい、そうしたら揚げてフライドポテトにしてあげましょう」と。「じゃが芋を採るのも無料です。ただ行って採ればいい、無料開放されています。採って持ってきなさい」と、こうです。

その実態は、フライドポテト会社のために働くということです。フライドポテトを無料提供ですって？　それは無料ではありません。これがGAFAの行っていることです。彼らは何も無料で与えてくれてやしません。トリックです。いくばくかの広告収入はあるかもしれないが、本当の収益は我々のタダ働きから来ているのです。

我々はそのことに気づいていません。それがトリックです。なぜなら我々の労働に対する概念がひどいものだからです。我々は皆、マルクス主義的な労働概念を持っています。実はマルクス主義の労働観はそこまで間違っているわけではないかもしれませんね。マルクス主義における労働とは、肉体的・活動的な現実を別の形に変換することを指します。木を削ってテーブルを作る、これが労働です。

インターネットではこれがどう起きるかというと、バーベキューパーティ、つまり肉体的・活動的な現実を開催し、写真を撮る。これが変換です。その変換した写真をアップする。アップも変換に当たります。

それでも我々はインターネットに関して、「それが物質的なものではない」という素朴な労働観を持っている。これが間違いです。（情報空間でのやりとりは）精神的なものだと思うかもしれませんが、インターネットは完全に物質的なものです。サービスも半導体チップも物質的なものでしょう。それがインターネットです。一定の方法で組み立てられた配線、チップ、電磁放射線の集合体です。我々は、その事実にまったく気付いていません。

最近の調査では、我々は一年間のうち約四カ月もネットをして過ごしているといいます。**一年のうち四カ月も、びた一文くれない人間のために働いて過ごしている**のです。彼らは何かしらのサービスをくれているかもしれません。でも実際は、そのサービスで得られるものより多くの代償を我々は支払っているんです。

日本はテックイデオロギーを生み出す巧者

グーグルがベルリンのクロイツベルク地区に新たな拠点を設立しようとしたとき、ベルリンでは反対運動が起きました。このような巨大テック企業への反対運動は、日本では見られませんね。人々の認識には、日独でかなりのギャップがあると感じます。

それは、**日本がテクノロジーに関するイデオロギーを生み出すのが抜群にうまい**からだと私は思います。このようなストーリーの紡ぎ手としては、日本は第一級の国の一つで、九〇年代はカリフォルニア以上、少なくとも同等に重要な存在だったと思います。今はそこまでの存在感はありませんが。とはいえ、モダニティに対する日本の貢献がなければテレビゲームは今日の姿にはなっていなかったでしょうし、それゆえインターネットで我々が得る経験も今の状態にはかすりもしないものになっていたでしょう。

ですから日本は、地球上でテクノロジーがもっとも進んでいる地域の一つであり続けているのです。昔はやった「たまごっち」は、機械に愛情を投影することで、人間としての欲望が置き換えられるものでした。日本は一社会として、こうしたモデルを受け入れる傾向が他の地域よりもあると思うのです。

ドイツで起きた反GAFA運動に関して一つ私が強く思っているのは、ドイツは実に長い期間、テクノロジーと独裁主義、イデオロギーとの関わりを味わってきたということです。

ドイツは自動車を発明しましたね。忘れてはならない、ドイツが行った人類滅亡への多大な「貢献」です。ドイツのイデオロギーというのは——私は今これをかつての姿に修復しようと使命感を持ってやっているんですが——ともかく、ドイツの発明というのは人類史上最悪に近い。

もちろん他にも人類滅亡に「貢献」している国はありますし、ドイツにも、カントやヘーゲルらがモダニティに素晴らしい貢献をした面もあります。それでも、ドイツの発明は最悪です。

それからドイツは、二度の世界大戦で非常に重大な役割を果たしました。実際はもっとさまざまな要因が絡み合って引き起こされたのですが、端的にいうとそうなります。あれは人間を破壊するためにテクノロジーが使われた戦争でした。ドイツのテクノロジーに対する見識は、そういうものです。**テクノロジーとは、壊滅という悪の力**だと思っています。ですから、テクノロジーで利益を得ている一部の人々を除き、ドイツにおける批判的思考の持ち主は誰でも、デジタルテクノロジーに強い抵抗を示すでしょう。これは独裁だ、と本能的に反応します。直感的に、独裁に対して反発を起こすのです。

優しい独裁国家・日本

私は日本が好きですが、日本へ行くと独裁国家にいるような感覚を覚えます。とても民主主義的だし、人々も優しい。中国にいるときのような感覚はない。でも、非常に柔和で優しい独裁国家です。誰もがそれを受け入れている、ソフトな独裁国家のような感覚です。日本の電車のシステムは完璧ですね。でもホームで列に並び、来たのがピンク色の女性専用車両だったら、私は別の車両へ移動しなければならない。もしそのシステムを理解せず、従わなかったら、いわゆる白手袋の駅員がやってきて追い出されることもあります。実際、そうだったんです。東京を訪れた際、ピンク色のシステムを知らないまま女性専用車両に立っていて、なぜピンク色なんだろうと考えていたら、もう白手袋がやってきていました。これが、ソフトな独裁国家ということです。

このように**完璧になめらかな機能性には、ダークサイド（暗黒面）があります**。精神性や美が高まるというよい面もありますが。日本文化は非常に発達していて、誰もが美の共通認識を持っており、食べ物も、庭園も、すべて完璧に秩序が保たれている。それが日本文化のすばらしい面であり、よい面です。

でも、暗黒の力もあるのです。抑圧されたもののすべてが、その力です。時間に遅れてはいけない、問題を起こしてはいけないと、まるで精神性まで抑えるかのような力です。先ほどの白手袋のように、テクノロジーへ服従させられます。私は、これは日本を規定する対立関係（antagonism）だと思います。どんな先進社会にも構造的な対立関係が組み込まれていますが、対立関係、つまりは弁証法です。

【注】

※1　英語ではnaturalism。形而上学的理論の一つ。あらゆる現象は自然（神や魂などの超自然ではないという意味での自然。自然科学の対象領域であり、すなわち宇宙）にある原因や法則から、機械論的に説明可能であるとする立場。マルクス・ガブリエルは自然主義を「自然科学の領域へと存在論的に還元されうるものだけが存在しうるのであり、それ以外のものはすべて幻想」とする主張と解説している（自著p154）。

※2　フィリップ・K・ディックはアメリカのSF作家。代表作に『アンドロイドは電気羊の夢を見るか?』など。同作は映画『ブレードランナー』の原作。

※3　カリフォルニアン・イデオロギーとも称され、アメリカの西海岸から生まれた。技術革新による人間や世界の進歩を全面的に支持する技術決定論と、西海岸におけるカウンターカルチャー及び市場原理主義が組み合わさった思想。グーグル、フェイスブックなどの巨大IT企業がカリフォルニアのシリコンバレーで次々に生まれる背景には、この思想があるとも言われる。

※4　アメリカ・ネバダ州の砂漠で毎年開催される参加者主導型の巨大なアートイベント。グーグルが社員に参加を奨励していることでも知られる。

※5　バートランド・ラッセル（イギリスの哲学者）が提唱した概念。

※6　ウェブの創設者。出身はイギリスだが、スイスの欧州原子核研究機構（CERN）在籍中にWWWを開発した。

※7　ドイツでの最低賃金は時給9・19ユーロ（二〇一九年一月時点、独立行政法人労働政策研究・研修機構調べ）

第Ⅶ章　表象の危機

ファクト、フェイクニュース、アメリカの病

フェイクとファクトのはざまで

表象とは何か

ここまでに挙げた四つの重大な危機――価値の危機、民主主義の危機、資本主義の危機、テクノロジーの危機――は、そのすべてが「表象の危機」として集約することができます。**「表象の危機」は、特に写真やイメージと我々人間との関係性を表しています**。最初に簡単な例を二つ挙げましょう。まず、最近の科学者はパワーポイントを使って物事を説明するようになっているでしょう。哲学者でさえもそうです。パワーポイントは真の思考の糧を提供するのではなく、写真やイメージを提供するだけです。写真はあくまで写真で、議論の対象にはなりません。でも人は写真こそ現実だと誤解してしまいます。だからこそ写真を撮るのです。

次に、パリの観光客の話をしましょう。ごく平均的なパリの観光客がモナリザを見たとき最初に何をするかというと、写真撮影です。人はモナリザの写真を撮るためだけにパリへ行くのです。他にすることといったら、ルイ・ヴィトンのバッグを買うくらい。考えてみるとこれはまったく馬鹿げた行動形態です。

このように、我々とイメージ——たとえば写真など——との間には、いい関係が築かれていません。これが表象の危機です。

まず表象とは何かを説明しましょう。表象とは、正確か不正確かの属性を持つ現実のモデルです。ですから、より正確な表象もあれば、より不正確な表象もある。正しい表象も、正しくない表象もある。中でももっとも判断が難しいのが、真か偽かという性質を持つものです。哲学では、真か偽かに関わる表象を命題（proposition）や信念（belief）と呼びますが、そうした二択ではなく正確さの度合いに関わるものはイメージ（image）となります。

表象は、規範（norm）によって決まります。正確か不正確かというのは、一つの規範によって決まるのです。そして忘れられがちではあるのですが、表象の対象、つまり表象されたものが規範なのです。具体例を挙げると、たとえば「テーブルに五〇個カップがある」という信念を私が持っているとしましょう。この信念は、真か偽かを判断することができます。もしテーブルにカップが一つしかなかったら、この信念は偽です。「私の信念は、真か偽か」を決める規範とは、事実（fact）です。カップは五〇以下だ、よってこの信念は偽である、と。私の思考の規範性（normativity）は、現実の中に存在します。

イメージには、よいか悪いかといった属性はない

しかし、表象の危機は間違った考えの中に存在します。その考えとは、「表象の規範性は表象の中にある」というものです。「あるイメージがよいものかどうかは、そのイメージによって決まる」と考える。そこが危機と結びつくところです。

あるイメージがよいものかどうかは、イメージではなく、現実によって決まるはずです。イメージには、本質的によいか悪いかといった内的属性はありません。ただし、芸術の場合は例外です。もしゴッホが靴の絵を描いたら、そこに靴が実際あるのかどうかは重要ではない。重要なのは、ゴッホがその絵をどう描くかです。それが芸術的な表象です。芸術的な表象は、現実をコピーしたものではありません。現実とは関係がない。私が信念を持つのと同じように、現実とゴッホの間には何の関係もない。芸術は、真でも偽でもない。それは中立的で、虚構的なものなのです。

表象の危機とは、芸術やデザインと、その他すべての表象とを混同させてしまうことです。つまり我々は、すべての表象は芸術的だととらえてしまうのです。我々にとっては、すべてが芸術になる。それが危機なのです。『ハウス・オブ・カード』のようなアメリカ大統

領制に関するドラマを観たときに、それをドキュメンタリーのように思ってしまう。なるほど、ワシントンD.C.ではこういうことが起こっているのか、と勘違いしてしまう。単なるテレビドラマだというのに、です。もしくは『ウエストワールド』[※1]を観て、ロボットに意識が宿るだろうと思ってしまう。それも間違いです。『ウエストワールド』には、ロボットなど一体もいません。いるのはロボットの演技をしている人間だけです。

イメージに騙される世界

このような表象の危機、つまりイメージに対するこうした間違ったとらえ方には、帰結が伴います。人々は、あるイメージを見て「本物に違いない」と思います。なぜなら、イメージは実在するからです。でも、そのイメージと環境との関係性が本物だから、という理由からではありません。だから**イメージは簡単に操作されてしまう**のです。人々はイメージの背後にある真実、スクリーンの裏側にある現実に気付かず、愚かになっていきます。スクリーンの概念が間違っているゆえに、現実がスクリーンに隔てられて見えなくなってしまうのです。これが第一の誤りです。

一部のポピュリストたちが言うような、政治にはエリート層がいて彼らは何でもやりたい放題だ、という考えは単純に間違っています。これは、「ここにイメージがあるが、これらのイメージが何に関するものかは重要ではない」と考えるのと同じ誤りです。イメージが何に関するものかは、とても重要です。

お金についても同様です。お金は何も表象しないというのが通説ですが、それは大きな間違いです。五〇ドル札は、五〇ドルで買えるものならなんでも表象する。表象のロジックが、通貨とその他の通貨や品物との関係性において変わっているのです。五〇ドル札の価値は経済が変えるのですが、それは五〇ドル札それ自体に価値がないという意味ではありません。五〇ドル札にもちゃんと価値はあります。「五〇ドル札と引き換えにできるすべてのもの」という価値です。価値の多寡は変わりますが、本物の、客観的に存在する価値があるのです。ですから五〇ドル札一枚は、それで購入できるものを表象するということです。

人々は民主主義の機能を理解していない

イメージは、イメージの元にあるものを表象します。政党の党員は、私の意思を代理・表象《リプリゼント》（represent）する。問題は、それがどのような表象の関係性にあるかということで、そのことをもっと理解しなければならないのです。人々は表象の関係性をわかっていない。たとえば、もしある候補者が当選する、つまり有権者を代理・表象《リプリゼント》する立場になったら、彼は有権者のためになることだけをやる必要がある、と人々は考えます。しかし、それは政治的な表象ではありません。

　これもたとえですが、減税を公約に掲げた候補者に票を入れたとしましょう。そしてその候補者が当選し、減税を行わなかったら、多くの人はきっと彼を嘘つき呼ばわりするはずです。でも、彼は嘘つきではない。彼は有権者を表象しているのです。議会で有権者を表象するということは、非常に複雑な交渉の仕組みに参加することを意味します。当選前に何か公約したのだとしたら、それは「そうなるよう努力します」という約束であり、必ず公約が果たされると言うことはできません。その時点では、公約が果たせるかどうかは候補者にもわからないのですから。

　政治は現実（リアリティ）です。希望的観測ではありません。政党に投票するとは、商品を買うような行為ではありません。何かを「買っている」わけではない。私は、（投票のとき）ある理想に寄与することを選ぶのです。そして政党は、それを実現するように努力しますが、現実に照らし合わせると、しばしば実現不可能です。議員たちは、日々現実と向き合っています。我々は改めてそのことに敬意を払うべきです。我々は、政治家は皆腐敗しているという間違った考えを持っているせいで、政治家への敬意が欠けていると思います。票を投じたのに望みのものが手に入らない、だから政治家は全員腐敗している、と思っています。人々は車を買ったと思っているが、彼らが本当に買ったのは車ではないのです。多くの人は、民主主義者として自分が何をやっているかわかっていません。

これは深刻な問題です。なぜなら民主主義というものは、人民が「民主主義はどう機能するか」をわかっていないと機能しないからです。現在は、民主主義国家の市民の絶対多数が、民主主義の本質をかけらも理解していないと言っていい。前述したように、これは民主主義の危機です。人民がそれを十分に理解していません。

中にはましな国もありますが、大体の国は理解していません。その点、フランスの民主主義はなかなかうまくいっていますね。これまでの政治的な歴史があるので、現実に対する意識が非常に高い。ドイツはよい面と悪い面、両方あると思います。現実と共鳴しすぎるところがあります。一方、アメリカは際立って悪い。アメリカ政治における代理《リプリゼント》・表象の度合い、イメージの役割などが、極めて高いレベルにあるからです。イメージを生み出すレベルが、とてつもなく高いのです。

イメージ自体を欲望し始めた人々

イメージの大国・アメリカで起きているもう一つの危機

アメリカでは、このイメージというものの重要性と影響力が甚大です。第Ⅰ章でも触れた**ファサード**（フランス語で「見せかけ」の意）です。アメリカでは、あらゆる物事がファサードのようなのです。アメリカの建築物を見ると、そのファサード（建物の正面部分）は美しく整えられている。でも中に足を踏み入れれば、何もかもが壊れて使えません。アメリカでは、たとえ大富豪の家に招かれてもエアコンの音は大きすぎるし、ドアはしっかり閉まらないしで散々です。すべてが不完全である。それがファサード、イメージということです。

アメリカ人は戸建ての家に住むのを好みますが、それは誰かに見事な家だと思われることを想像するからです。ニューヨークがそんなふうです。私はニューヨークのニュースクール大学で教鞭を執っていたのですが、大学から初めて社会調査のテニュア資格（北米の大学における終身雇用資格）を打診されたときに、断ってしまいました。「誰もがうらやむ都市なのに、住んでいる私自身はちっともそう感じない、そんな都市に住むのは無理だ」と思ったのです。そこでの生活は悲惨でした。

どこへ行っても「すごい、ニューヨークから来られたんですか、素晴らしい街ですよね」と言われる。ニューヨーカーも全員、「そうさ、素晴らしい街だ」と言う。でも現実は、皆ニューヨークなどうんざりだと思っているんです。騒々しくて眠れやしないし、汚くて嫌なにおいがする。夏は猛暑になるし、何もかも壊れて使えず、地下鉄はカオスで、街中ネズミと汚物だらけです。地下鉄の中をネズミが走っているんですよ。街中どこへ行っても悲惨な目に遭います。一カ月もいたら、とにかく出ていきたいと思うようになります。

それでもニューヨーカーはこの街での生活を謳歌している。それは、「この街に住めるなんて素晴らしい」と他の人が思うことがわかっているからです。それが間接的な動機になっています。自分自身にはすごいと思えなくても、他人からすごいと思われればいい、そういう類のことをアメリカ人は実にたくさん行っています。

ドイツ人は、甚だ現実志向です。他人が「あの人は人生を謳歌しているのだろうか」と思うか否かなんてどうでもいい、自分が人生を謳歌しているか否かが重要なのだ、と考えます。他人がどう思おうが気にしない、そんなことは重要じゃないでしょう、と。アメリカでは、自分自身が人生を謳歌しているかよりも、他人にどう思われるかのほうが重要であるようです。これは、また別の表象の危機です。表象というのは、たとえばAさんの持つセルフイメージが、「私は人生を謳歌していない」だとする。しかしイメージのメタ・イメージ、誰か他の人がAさんに対して持つイメージが「Aさんは人生を謳歌している」だとすると、Aさんはメタのレベルで人生を謳歌し始める――つまり、（人生そのものではなく）**「人生のイメージ」を謳歌するようになる**ということです。

だから、フェイスブックはアメリカが生み出したのです。自分のつまらない日常を写真に撮って投稿しようと思う人はいません。バーベキューパーティの写真は、これはいいぞと思って投稿するわけですが、お腹を下したときにその写真を投稿しようとする人は誰一人としていません。それも日常の一コマなので投稿しようと思ったらできるのですが。なぜか？人々が投稿するのは、こんな生活がしたい、こんな人になりたいと思わせるイメージだからです。

【注】

※1　人工知能を搭載したアンドロイドが自我を持ち始め、人間に反乱し始めるアメリカのＳＦサスペンスドラマ。

補講　新しい実在論が我々にもたらすもの

世界を読み解くための五つの危機について、時にユーモアを交えながら饒舌《じょうぜつ》に語ってきたガブリエル。

長時間にわたったインタビューの最後に、編集部は「新しい実在論」について改めて正面から尋ねてみた。気鋭の哲学者は身を乗り出し、机に置かれたグラスを手に取って語り始めた。

本章は、その対話をまとめた、いわば番外編・補講である。これまでの議論の振り返り、そして「新しい実在論は世界をどう見ているのか」という問いに対する、あるまとまった回答になっている。

――「現実は複数あり、視点《パースペクティヴ》も複数ある」とおっしゃっていましたね。「我々それぞれに、それぞれの現実がある」と。でも、あなたは「世界は存在しない」とも言う。そして人間は同じ種の動物であるから、普遍的な道徳的価値観（universal moral value）を共通して持っており、お互い理解し合えるとも。この三要素の関係性について、改めて解説していただけますか。

ガブリエル　いい質問ですね。では、視点の問題から見ていきましょう。多元論、そして「世界は存在しない」という考えに通じる問題です。さて、私とあなたが二人で一個のグラスを見ているとする。グラス、私によるグラスの見方、あなたによるグラスの見方の三つです。私によるグラスの見方は、現実における一つの対象（object）で、これを私の視点と言います。私のグラスに対する視点はグラスと同等に実在的（real）です。あなたのグラスに対する視点もグラスと同等に実在的です。これが多元論です。

グラスは存在しない――そして世界も存在しない

では、次のステップに移ります。実在のグラスとは、グラス、私のグラスに対する見方、あなたのグラスに対する見方の三つが交差したものです。ですからグラスという実体はありません。グラスは、グラス、グラスに対する私の視点、グラスに対するあなたの視点の交差です。

――だから、「それ自体で完全に独立しているグラスは存在しない」ということですね。

ガブリエル　まさにそういうことです。私にとっての独立しているグラス、あなたにとっての独立しているグラスは、それぞれ存在します。それらは同じグラスです。この場合の知覚では、私もあなたも同じ意味の場にいるからです。グラスの知覚という同じ意味の場です。意味の場は変えることもできます。グラスの代わりに、量子現象が起こるようなナノ世界の規模にまでレベルを落とし込んで考えたら、もはやグラスなどなくなります。そういう規模の世界にあるのは、グラスではなく電子です。非常に小さく、物体ですらありません。

電子よりも原子レベルで考えたほうがわかりやすいでしょうか。通常、原子は目に見えませんね。グラスは見えるけれど、原子は見えません。我々は普段、原子のことなど意識していません。それが、普段のメゾスコピックな知覚から原子の規模にまでレベルを下げると、原子は目に見えるようになります。これが意味の場を変えるということです。原子を測定する方法や見つける装置が必要になる、つまりまったく違うアプローチをとるようになるのです。

ここでも、原子に対する私の視点と、あなたの視点があります。でも、ここでの意味の場は科学です。グラスを見ていたときのような普通の知覚から、物理学に観点が移りました。意味の場が変わったのです。グラスと原子の間に、共通する対象はありません。ここから「世界は存在しない」の核心に入っていきます。世界の不在は、ただ一つの意味の場に現象するわけではありません。知覚という一つの意味の場においては、「それ自体で完全に独立しているグラスは存在しない」といえます。しかし**世界の不在ということは、一つの意味の場ではなく、複数の意味の場の間で起こる**のです。

グラスと原子の間に、第三の対象は存在しません。グラスか原子、それだけです。つまり、グラスは原子によって構成されているわけではないということです。なぜならグラスは知覚可能な対象だからです。知覚可能な対象が、完全に原子のみから構成されることはありません。でなければ、少々乱暴な言い方ですが、原子が目に見える、というようなことになってしまいます。

科学という意味の場と、普通の知覚という意味の場はつながっていますが、同一ではありません。それこそ、この二つの間に第三の対象が存在しないからです。これが「世界は存在しない」という意味です。**意味の場の外に、現実はありません。**

あなたは一つの場にいる——しかしまた、あなたがいることのできる他の場も、常にそこにあるのです。これは存在論《オントロジー》と呼ばれるレベルの話です。

視点には、よいものもあれば悪いものもある

これを社会に当てはめてみましょう。社会的対立が起こったとき、そこには一つの似たトピックに対する二つの視点があります。たとえば税金の分配を行うときに、税金や将来、分配について異なる視点があると、対立が起こります。これは先に述べた知覚のケースとかなり似ています。この場合の対象は、時間的な対象、つまり現在の税金プラス将来の成果という、(先の例とは)異なるプロセスを含みますから、グラスとは違います。意味の場も違います。それでも、二つのケースは似た状況にあります。

意見の対立が起きたとき、一方の人がもう一方よりも正確な見解を持つ、ということが起こります。これを先ほどのケースに落とし込むと、私のグラスに対する知覚が、あなたの知覚より不正確だということが起こりえます。視力の差とか、そういったことが要因です。私は依然グラスに対する視点を持っているし、私の視点は実在的です。それでも、あなたのそれより正確さで劣る。そうなると、私は眼鏡をかけなければさらに間違いを犯しやすくなり

ます。ですから何かに対して実在的な視点を持つと言っても、それが絶対確実であることにはならないのです。視点は不完全になりえます。対象について、よくない視点を持つこともありえます。ですから**視点は、すべて等しく善であるということはない**。これは非常に重要な点です。よりよい視点も、より悪い視点もあります。科学でもそうです。原子干渉計には、よりよいものと悪いものがあります。

今度はモラルのケースに当てはめてみましょう。政治・経済のケースと言ってもいいですが。グラスのケースと、政治・経済のケースは、まったく類似するものだと私はとらえています。さて、我々の税金を使って何をするかという問いに対して、客観的にすぐれた回答を一つ用意するとします。実際は、一つではなく複数の回答があるわけですが、その中から最適な回答を一つ出さなければなりません。多元主義を重視しすぎ、文化相対主義に干渉されて、一つの確かな回答、あるいは一定の可能な回答の範囲にたどり着けないといった事態を避けるにはどうしたらいいでしょう。ヒンドゥー教徒に配慮してヒンドゥーの寺院を建てるか？　いや、無神論者の大学を作るべきだ、いやいや介護施設に使おう――。

「普遍の人間性」という考え方

多元性を大量に取り入れると、途端に一つの決断を取るのは困難になります。不可能というわけではないにしても、これは問題です。ここでさらに、**普遍の人間性**（universal humanity）が議論に加わります。普遍の人間性とは、つまりこういうことです。「政治的に統治された状況の社会経済で、我々は普遍の人間性を実現すべきである。そのため、意思決定に用いる視点の度合いを減らすことにしよう」と。

――度合いを減らすのですか？

ガブリエル　はい、視点の度合いを減らす――可能な限り少なくするということです。そうなっても、視点は存在します。理想としては、不変のルールを課す政治家のようなものです。視点に結びつく価値観から捨象し、それを考慮に入れるだけです。ヒンドゥー教徒が存在することは認めるが、彼らの視点は受け入れない。ムスリムも無神論者も、いることはわかっているが、彼らの視点は受け入れない。あくまで**中立**（neutral）を保ちます。

――これまでも、中立という言葉がたびたび登場しました。

ガブリエル　そうです、中立ということがここでは鍵になります。こうして、普遍の意思決定レベルに揃えることで、対立を中立にするのです。

――第Ⅳ章で例にあげた、ワーカホリックの青年の例と同じですね。

ガブリエル　その通りです。では、また知覚のケースに戻りましょう。私がグラスを指さしたところ、あなたは「グラスなんてありませんよ」と言った。私は慌てふためきます。「グラスがないだって?」私が指さしていたのは実は、私の秘書がこっそりプロジェクターを設置して映していたグラスのホログラムだったのです。あなたはそれを知っていて、私は知らなかった。あなたが「グラスなんてありませんよ、ほら」と言ってプロジェクターを見せてくれたとしたら、私は驚くでしょう。

このようにして、あなたは私を正しました。私の知覚は当てにならなかった。このケースにおける対象はグラスであって、ホログラムではありません。**その対象が、正しい視点が何かを決める**のです。対象自体が決めるのであり、私が決めるのではありません。私の決定がどうであろうと、その対象に関しては重要ではない。重要なのは、対象が何かです。これは、どんなケースにも言えると思います。モラルのケースについてもそうです。ケース自体が、我々のすべきことが何か決めるのです。

――つまり、真実は存在するということですね?

ガブリエル　はい、真実だけが存在します。現実は、まぎれもない真実です。**真か偽かではなく、真でしかない**のです。

――でも、現実は複数ある。

ガブリエル　そうです。そして**複数の現実は、偽にもなります。我々の独立した現実、人間の思考における現実は表象だから**です。表象は、より正確にも、より不正確にも、適切・不適切にも、真・偽にもなります。しかし表象の対象自体は真か偽かではなく、ただ真です。非常にシンプルなケースを用いてご説明しましょう。

「ここにグラスがある」という私の信念が真だとします。私の表象も真です。これは偽にもなります。私が間違えたという可能性もある、でもこの場合は真とします。では、これが思い込みだとしましょう。そしてあなたが私の表象を表象するとしましょう。思い込みなので、これは偽です。グラスはなく、ただのホログラムだとする。あなたは私の思考をこう表象します。「ガブリエルの思考は偽だ」と。でもこれは、「『ガブリエルの思考は偽だ』というのは真だ」とあなたが思っていることを意味します。

人は、虚偽の思考をすることはできません。虚偽を考えるということは、何かが虚偽であるという真実について考えることになります。ですから、虚偽の思考をできる者は誰もいません。

「私が考えることはすべて嘘だ」という思考は存在しない

これは非常に重要な、哲学的に深いポイントです。議論の余地もありますが、まぁよしとしましょう。ここで私が意味することは、実に単純なロジックを使って実証することができます。これから図で説明します。なぜなら、これは私が研究していることの、最も深いレベルに位置するものだからです。

哲学では、真か偽のどちらかになる文言を表すのにPという表現を使います。Pは命題(proposition)の頭文字です。では、Pが真だとする。「私はボンにいる」、これは真です。「私はアンゲラ・メルケルだ」、これは偽です。「私はアンゲラ・メルケルだ」という命題は偽で、「私はボンにいる」という命題は真です。次に、否定記号(¬)があります。Pが真なら、「¬P」は偽です。「¬P」が真なら、Pは偽です。もしPが真なら、「Pが真でないことは真ではない」ということになります。

逆もまた然りです。Pが真でないことが真でないなら、Pは真である。これが有効でないロジックもいろいろありますが、それはそれとして、このゲームの真髄を理解するために単

前提

P「Pである」　¬P「Pではない」

P ↔ ¬¬P　Pが真であることは「Pが真でないことは真ではない」と等しい

※↔は同値を表す

思考のあり方

I think（⊃ P）「私は『Pは真である』と考える」

I think（⊃ ¬P）「私は『Pでないことは真である』と考える」

→思考は自分の思考それ自体を偽だと考えることはできない

マルクス・ガブリエルの作図を元に編集部作成

純化して考えてみましょう。たとえば、私がPと考えている。人が考えることは必ず真である、ということは既に述べましたね。たとえあなたが何かを間違っていると考えていても、言い換えればあなたが¬Pと考えていても、「あなたが¬¬Pと考えていない」ということにはなりません。あなたの考えていることが¬Pなのです。否定（¬）は一回だけです。あなたが考えるのは、一つの否定（¬）だけである。でもそれは、あなたがこのまとまりを一つと数えているからです。もしあなたが「ガブリエルは間違った信念を持っている」「ガブリエルは間違っている」と考えるとしたら、あなたは「自分は間違っている」とは考えませんね。「ガブリエルは間違っている」と考えます。あなたは、思考それ自体が「これは偽だ」という思考をすることはない、という思考をしていることになります。**あなたの行う思考は、必ずそれ自体を真だと考えます。**「これは正しい思考だ」という思考なしに思考することは、不可能です。あなたは自分を信じているのです。というより、信じなければなりません。自分を信じないことは不可能です。

「信念の網」が社会を作る

人間が社会的動物であるのは、それが理由です。もし世界にあなた一人しかいなかったら、あなたは間違いを犯しようがありません。間違いには気づかないでしょう。自分の信じることだけを信じているからです。信じることはさまざまあるにせよ、自分を正すことはできません。不可能です。ですから、**我々が自らを正す唯一の方法は、自分とは別の視点を持つこと**です。

それが人間社会です。人間社会とは、社会の構成員が「あなたがたは間違っていますよ」と言って互いに互いを正し合うことを指します。でも、誰もが間違う可能性があります。誰かを訂正しようとしていた人自身が訂正されるように、訂正が失敗する、ということも起こるでしょう。訂正を試みて、それ自体が訂正させられる、というようなことです。

そんな相互作用が縦横無尽に広がります。社会の構成員や構成員同士のやりとりが増え、社会が複雑になればなるほど、より多くのロジックが生まれます。誰かはPを信じ、誰かはQを信じている。また誰かはRのとき、かつそのときに限りPでないと信じている。これが信念体系のシステムです。これらすべての信念が合わさって、一つの集合体を形成していま す。この**複数の信念が広がる網全体が、社会になる**のです。信念の網が多かれ少なかれ安定し、偽りの度合いが下がったら、社会が成功する可能性は高くなります。真なる信念のみが、成功につながるからです。

たとえば、私が空腹でピザを食べようとしているとしましょう。私の信念によると、いちばん近いピザ屋はここから西へ二〇〇メートル行ったところにある。ところが実際は、ここから東へ二〇〇メートル進んだ方向にある。自分の信念に従って西に行き、真実に気付いて東へ方向転換すると、全部で六〇〇メートル移動しなければならない。(私と同じ地点にいて)ピザ屋の場所を知っている人は、二〇〇メートルだけ移動すればいい。(その人と比べると、私のピザ獲得という)成功の度合いは低いです。さらに、そのピザ屋が「ピザはあと一枚しかない。先着順です」と言ったとする。もし私が間違いを犯したら、つまり誤った信念を持ったら、(ピザは食べられず)空腹のままになります。ですから誤った信念の多い社会という

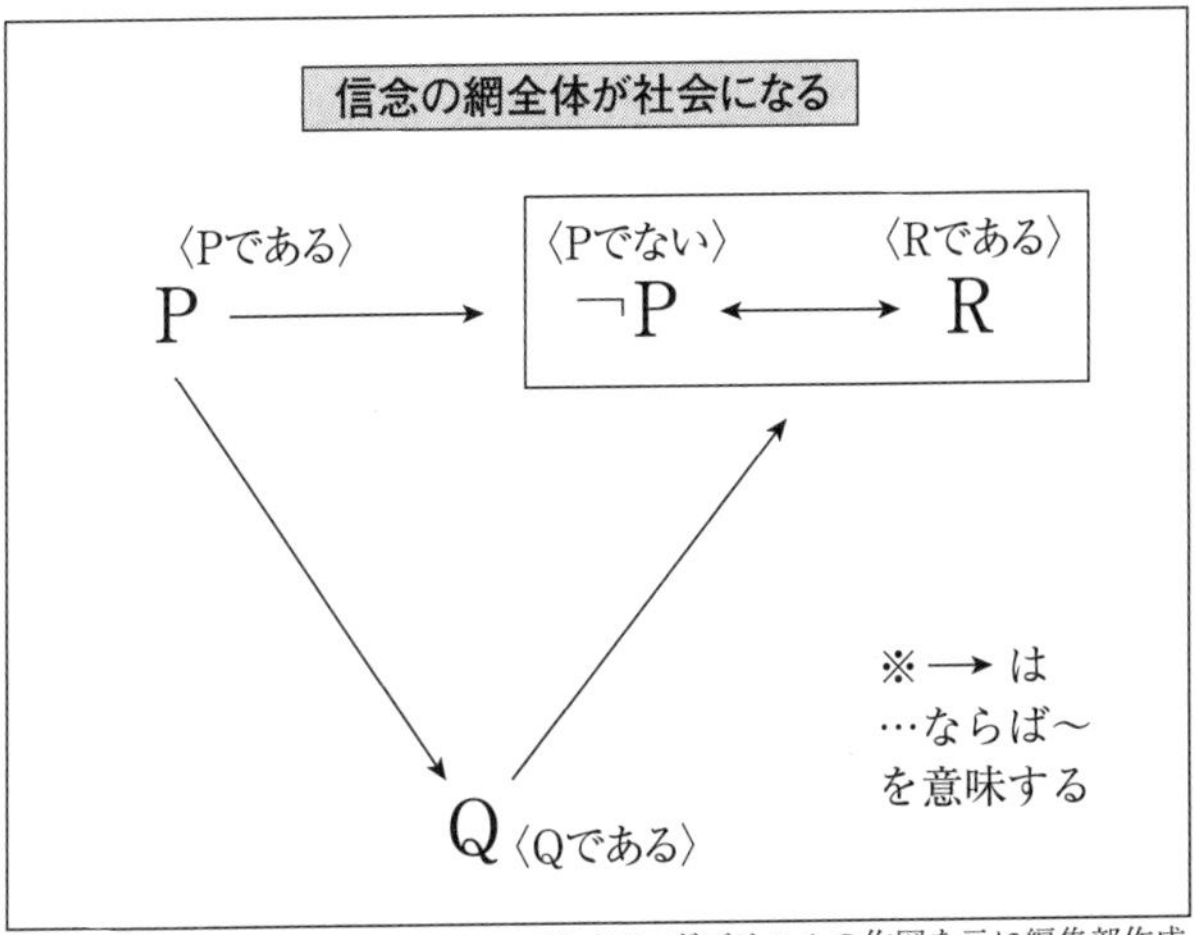

マルクス・ガブリエルの作図を元に編集部作成

のは、正しい信念が多い社会と比べたら不利（disadvantage）になるのです。

だから大学があるのです。産業化が進んだ国ほどいい大学システムがある理由は、社会の中で正しい信念を持つ確率を上げているからです。だから教育が必要なのです。教育がなければ、人は間違った方向に進んでしまいます。間違った方向に進むと、正しい方向に進んでいる人にやられてしまう。単純なことです。これが教育です。進むべき道を知ること、それだけです。そして**教育は社会の網を生みます**。これがセオリーです。

社会の最高の価値が「真実」である理由

哲学で実在論の最も深いレベルにあるのが、

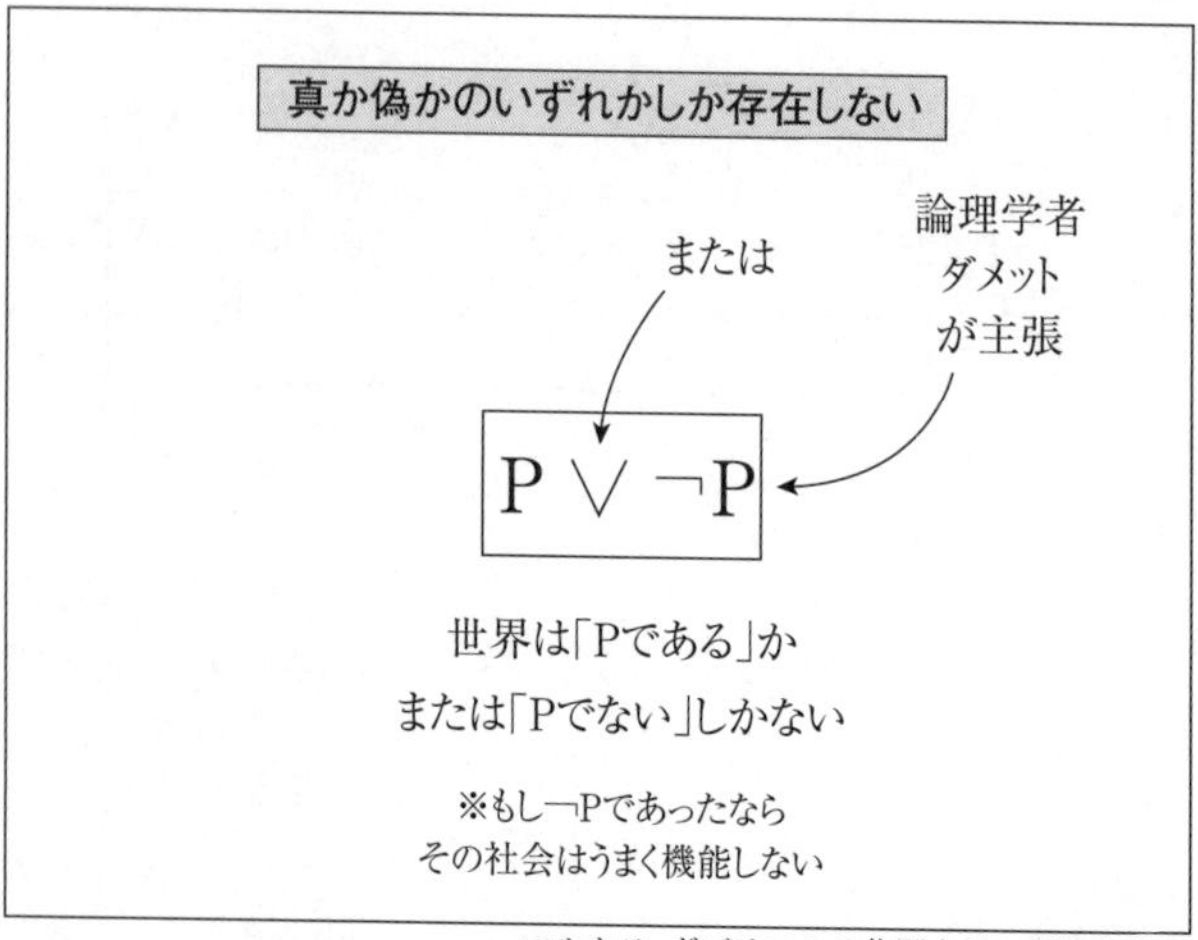

マルクス・ガブリエルの作図を元に編集部作成

排中律という法則です。「Pは真である」または（∨）「¬Pは真である」のどちらかで、その中間的第三者は認めないと考えます。「私はボンにいる」もしくは「ボンにいない」。それが排中律の原則です。

実在論論争の優れた研究者で、オックスフォードで長く教鞭を取っていた論理学者のマイケル・ダメットは、「実在論者（realist）は世界に事実（fact）があると信じている」と述べています。ですから、**真実かそうでないか。その間に第三者は存在しません。**

この法則は、普遍的に効果を有すると思います。道徳的価値観、税制、中絶、正義、接待ゴルフ、7という数字——何について考えるにせよ、あなたの考えは真か偽のいずれかになります。抜け道はない、現実からは逃れられません。もしあなたの考えが偽なら、あなたの考えが偽ということは真ですから、それに偽の信念を持つことで現実から逃れるというのも無理です。そんなことをすれば、あなたの現実はあなたの過ち（error）になってしまいます。

ある行為者の現実が過ちになる。すると、人生で過ちをたくさん犯すほど、その人の人生が失敗に終わる可能性が高くなります。誤りの数が多いほど、人生は悪くなっていく。実に単純なことです。**成功している社会というのは、誤りを犯すリスクを減らしている社会です**。それは、社会の基本的かつ最高の価値が真実であるということです。

――第Ⅳ章で説明されていた、明白な事実の政治ですね。

統計的な世界観が失敗するのはなぜか

ガブリエル　その通りです。これは、シリコンバレーの統計的な世界観と対立しますね。統計的な世界観では、何が真実であろうと重要ではないと言われます。ポスト真実の問題点です。真実については推定しましょう、という考え方がポスト真実の状況を作り出してしまいます。検索アルゴリズムでは、最高の結果は得られません。最高に近い結果、最低ではなさそうな結果が出ます。でも、それがいい結果になるとは限りません。グーグルマップのレストラン検索が好例です。サンフランシスコでおいしいタイ料理店を探そうとする。オンラインでなら、そこそこのレストランは見つかるでしょう。でも、最高のタイ料理レストランは、偶然でもない限り絶対に探すことはできません。

検索アルゴリズムは、最高のレストランではなく最高の評価をされたレストランを表示するからです。人間の行為を合計したものを表示します。間違いを犯す人間はいますし、タイ料理がどんなものかわかっちゃいない人間もいる、それでも彼らはレストラン評価をします。ですから**シリコンバレー的、統計的な世界観というのは、社会が間違いを犯す可能性を上げている**のです。

この統計的な世界観がなぜ失敗するかというと、事実の真実、また偽りを考慮していないからです。

「新しい実在論」は、すべての物事に対する実在論です。実在的でないものはない。すべてが実在しています。現実から逃れる方法はありません。現実の外に存在することはできません。インターネットも、この部屋にある何もかも、完璧に実在しています。現実から離れることは、死ぬまでできません。死んだらそれで退場ですが、それは現実を離れることではありません。死んでいるということもまた非常に実在的です。恐らく死があなたに影響を及ぼすことはないでしょう。死後の世界でも霊魂があるのか次第で変わるでしょうが、それは置いておいて、これが私の見解です。

「私」は実在している

これで、私が議論していることの論理的な構造をうまく説明できていたらいいのですが。繰り返しになりますが、この普遍的な実在論の形は、未だかつて主張されたことがありません。今私が提案している「新しい実在論」と同じくらい実在的に見える論理があったとしても、それは非実在論的な要素を持つでしょうから。

私と同じようなことを言っているように見える哲学者が、実際に私と同じことを言っていた試しがありません。「新しい実在論」は、議論の余地はあるにせよ、未だかつて主張されたことがない。これとまったく同じ考えや、まったく同じ考えをしていた先人を私は知らない。だから私はこれを「新しい実在論」と呼ぶのです。明白なことです。

「新しい実在論」のなかで一度物事がどのように関係しているかについて理解が深まるほど、ほぼ間違いなく「これは明らかに真実だ」と言うことが増えるでしょう。哲学者たちと談義していると、その言葉をよく耳にします。「そうだ、これは明らかに真実だ」と。いつから知っていたんだ？　と問うと、その哲学者はやがて気づくのです。「これはガブリエルに言われたのだ」と。そして、私の言うことを理解します。

我々は、自分が理解している物事に対しては常に「明らかにそうじゃないか」という印象を抱くものです。数学に秀でている人なら、非常に複雑な数式の仕組みも一目瞭然でしょう。同じように、私が哲学者としてやろうとしているのは、私が明らかだと考えていることについて執筆し、教え、伝えることです。私が理解していることは、誰にとっても明らかだと考えるからです。でも、それも間違いである可能性があります。「必然的に真である」とも言いません。

私を含め、人間は誰でも間違えることがあり、完全無欠ではないのですから。

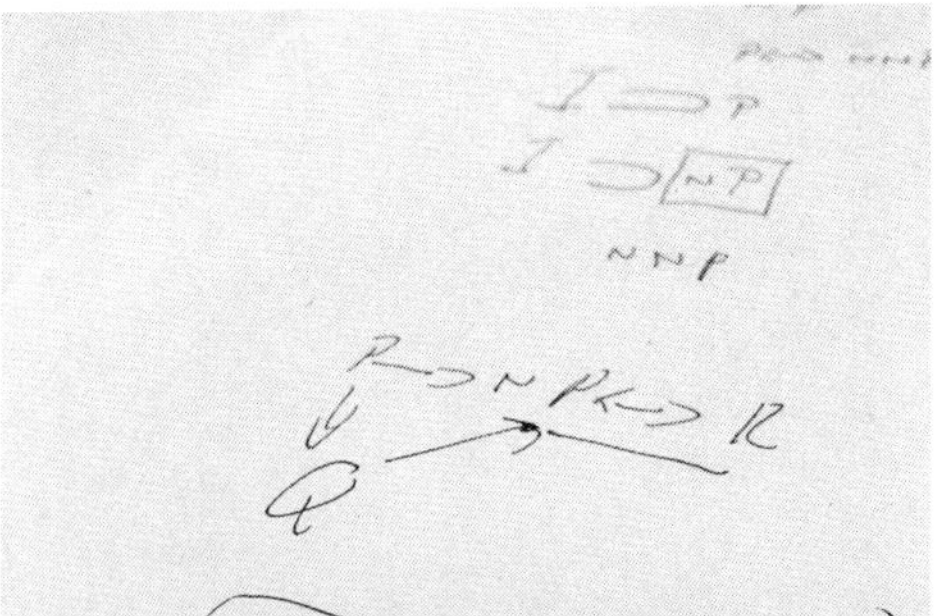

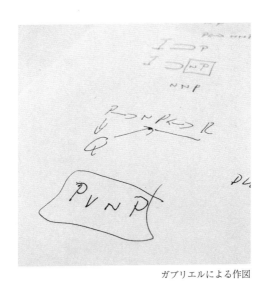

ガブリエルによる作図

訳者あとがき

「新しい実在論」を提唱するマルクス・ガブリエルは、「時代の寵児《ちょうじ》」と呼んでも過言ではないほど、世界的に注目されている新進気鋭の哲学者だ。

そのガブリエルと我々の対話は、紙幅の関係からそのすべてを本書に収めることはできなかった。しかし、本書で取り上げた「価値の危機」「民主主義の危機」「資本主義の危機」「テクノロジーの危機」、そしてその四つの危機に共通する「表象の危機」について、示唆に富んだ内容になったと自負している。

我々の問いかけに対して、ガブリエルはよどみなく滔々《とうとう》と、時に熱っぽく語ってくれた。純粋に哲学の観点から語ることもあれば、時には世界中を飛び回る多忙な学者としての視点から語る。それらが、社会学的、歴史学的、経済学的、政治学的な考察からは得ることができない、本質的特徴を述べていることは明らかである。

別な言い方をすれば、哲学者としてのガブリエルと、人間・ガブリエルの二面性——あるいは、本書中にたびたび登場する多元性――を堪能できる対話になったのではないだろうか。

千変万化する社会情勢の個々の事象を追いかけていると、時に「本当は一体何が起きているのか」がわからなくなるものだ。

ドナルド・トランプを例にとってみると、彼をとんでもない無能な大統領と皮相的な見方をする人は多いが、ガブリエルは決してそうではないと見ている。

彼は「トランプ政権は明白な事実を否定する」と言いながらも、グローバル経済が一種の経済戦争に変貌しているもっとも顕著な例として、トランプが仕掛けている貿易戦争を挙げ、「彼はただ真実を話している」のであり、「すべての人が従っているルールについて、はっきりと代弁しているだけ」であると、トランプの行動や決断の内実を看破する。それはトランプの一見不可測な性格とはまったく関係がないはずだが、混同する人は多いのではないか。

真実を見極めようとするガブリエルとの対話を通して、読者のみなさんの目に映る世界に微々たる変化が生じ、少しでも裨益することがあれば、それにまさる喜びはない。

二〇二〇年一月　東京にて

大野和基

【著者略歴】

マルクス・ガブリエル[Markus Gabriel]

1980年生まれ。史上最年少の29歳で、200年以上の伝統を誇るボン大学の正教授に抜擢される。西洋哲学の伝統に根ざしつつ、「新しい実在論」を提唱して世界的に注目される。また、著書『なぜ世界は存在しないのか』(講談社選書メチエ)は世界中でベストセラーとなった。NHK・Eテレ『欲望の時代の哲学』等にも出演。他著書に『「私」は脳ではない』(講談社選書メチエ)、『新実存主義』(岩波新書)、『神話・狂気・哄笑』(S・ジジェク他との共著、堀之内出版)など。

【訳者略歴】

大野和基[Ohno Kazumoto]

1955年、兵庫県生まれ。大阪府立北野高校、東京外国語大学英米学科卒業。79〜97年渡米。コーネル大学で化学、ニューヨーク医科大学で基礎医学を学ぶ。その後、現地でジャーナリストとしての活動を開始、国際情勢の裏側、医療問題から経済まで幅広い分野の取材・執筆を行う。97年に帰国後も取材のため、頻繁に渡航。アメリカの最新事情に精通している。訳書に『お金の流れで読む　日本と世界の未来』、編著書に『未完の資本主義』(以上、ＰＨＰ新書)など多数。近年はテレビでも活躍。

PHP新書
PHP INTERFACE
https://www.php.co.jp/

PHP新書 1215

世界史の針が巻き戻るとき

「新しい実在論」は世界をどう見ているか

二〇二〇年二月二十八日　第一版第一刷
二〇二〇年三月二十四日　第一版第三刷

著者――マルクス・ガブリエル
訳者――大野和基
発行者――後藤淳一
発行所――株式会社PHP研究所
東京本部――〒135-8137 江東区豊洲5-6-52
第一制作部PHP新書課 ☎03-3520-9615(編集)
普及部 ☎03-3520-9630(販売)
京都本部――〒601-8411 京都市南区西九条北ノ内町11
組版――有限会社メディアネット
装幀者――芦澤泰偉+児崎雅淑
印刷所
製本所――図書印刷株式会社

ISBN978-4-569-84594-4

PHP新書刊行にあたって

「繁栄を通じて平和と幸福を」(PEACE and HAPPINESS through PROSPERITY)の願いのもと、PHP研究所が創設されて今年で五十周年を迎えます。その歩みは、日本人が先の戦争を乗り越え、並々ならぬ努力を続けて、今日の繁栄を築き上げてきた軌跡に重なります。

しかし、平和で豊かな生活を手にした現在、多くの日本人は、自分が何のために生きているのか、どのように生きていきたいのかを、見失いつつあるように思われます。そして、その間にも、日本国内や世界のみならず地球規模での大きな変化が日々生起し、解決すべき問題となって私たちのもとに押し寄せてきます。

このような時代に人生の確かな価値を見出し、生きる喜びに満ちあふれた社会を実現するために、いま何が求められているのでしょうか。それは、先達が培ってきた知恵を紡ぎ直すこと、その上で自分たち一人一人がおかれた現実と進むべき未来について丹念に考えていくこと以外にはありません。

その営みは、単なる知識に終わらない深い思索へ、そしてよく生きるための哲学への旅でもあります。弊所が創設五十周年を迎えましたのを機に、PHP新書を創刊し、この新たな旅を読者と共に歩んでいきたいと思っています。多くの読者の共感と支援を心よりお願いいたします。

一九九六年十月

PHP研究所

PHP新書

[思想・哲学]

032 〈対話〉のない社会 中島義道
058 悲鳴をあげる身体 鷲田清一
086 脳死・クローン・遺伝子治療 加藤尚武
204 はじめての哲学史講義 鷲田小彌太
468 「人間嫌い」のルール 中島義道
492 自由をいかに守るか ハイエクを読み直す 渡部昇一
856 現代語訳 西国立志編 サミュエル・スマイルズ[著]／中村正直[訳]／金谷俊一郎[現代語訳]
884 田辺元とハイデガー 合田正人
976 もてるための哲学 小川仁志
1095 日本人は死んだらどこへ行くのか 鎌田東二
1117 和辻哲郎と昭和の悲劇 小堀桂一郎
1159 靖國の精神史 小堀桂一郎

[歴史]

061 なぜ国家は衰亡するのか 中西輝政
286 歴史学ってなんだ? 小田中直樹
505 旧皇族が語る天皇の日本史 竹田恒泰
591 対論・異色昭和史 鶴見俊輔／上坂冬子
663 日本人として知っておきたい近代史[明治篇] 中西輝政
734 謎解き「張作霖爆殺事件」 加藤康男
738 アメリカが畏怖した日本 渡部昇一
748 詳説〈統帥綱領〉 柘植久慶
755 日本人はなぜ日本のことを知らないのか 竹田恒泰
761 真田三代 平山 優
776 はじめてのノモンハン事件 森山康平
784 日本古代史を科学する 中田 力
791 『古事記』と壬申の乱 関 裕二
848 院政とは何だったか 岡野友彦
865 徳川某重大事件 徳川宗英
903 アジアを救った近代日本史講義 渡辺利夫
922 木材・石炭・シェールガス 石井 彰
943 科学者が読み解く日本建国史 中田 力
968 古代史の謎は「海路」で解ける 長野正孝
1001 日中関係史 岡本隆司
1012 古代史の謎は「鉄」で解ける 長野正孝
1015 徳川がみた「真田丸の真相」 徳川宗英
1028 歴史の謎は透視技術「ミュオグラフィ」で解ける 田中宏幸／大城道則
1037 なぜ二宮尊徳に学ぶ人は成功するのか 松沢成文

1207 本物の武士道とは何か　菅野覚明
1209 満洲事変　宮田昌明

［経済・経営］
187 働くひとのためのキャリア・デザイン　金井壽宏
379 なぜトヨタは人を育てるのがうまいのか　若松義人
450 トヨタの上司は現場で何を伝えているのか　若松義人
543 ハイエク 知識社会の自由主義　池田信夫
587 微分・積分を知らずに経営を語るな　内山 力
594 新しい資本主義　原 丈人
620 自分らしいキャリアのつくり方　高橋俊介
752 日本企業にいま大切なこと　野中郁次郎／遠藤 功
852 ドラッカーとオーケストラの組織論　山岸淳子
882 成長戦略のまやかし　小幡 績
887 そして日本経済が世界の希望になる
ポール・クルーグマン［著］／山形浩生［監修・解説］／
大野和基［訳］
892 知の最先端　クレイトン・クリステンセンほか［著］／
大野和基［インタビュー・編］
901 ホワイト企業　高橋俊介
908 インフレどころか世界はデフレで蘇る　中原圭介
932 なぜローカル経済から日本は甦るのか　冨山和彦
958 ケインズの逆襲、ハイエクの慧眼　松尾 匡
973 ネオアベノミクスの論点　若田部昌澄
980 三越伊勢丹　ブランド力の神髄　大西 洋
984 逆流するグローバリズム　竹森俊平
985 新しいグローバルビジネスの教科書　山田英二
998 超インフラ論　藤井 聡
1003 その場しのぎの会社が、なぜ変われたのか　内山 力
1023 大変化――経済学が教える二〇二〇年の日本と世界　竹中平蔵
1027 戦後経済史は嘘ばかり　髙橋洋一
1029 ハーバードでいちばん人気の国・日本　佐藤智恵
1033 自由のジレンマを解く　松尾 匡
1034 日本経済の「質」はなぜ世界最高なのか　福島清彦
1039 中国経済はどこまで崩壊するのか　安達誠司
1080 クラッシャー上司　松崎一葉
1081 三越伊勢丹　モノづくりの哲学　大西 洋／内田裕子
1084 セブン-イレブン1号店　繁盛する商い　山本憲司
1088 「年金問題」は嘘ばかり　髙橋洋一
1105 「米中経済戦争」の内実を読み解く　津上俊哉
1114 クルマを捨ててこそ地方は甦る　藤井 聡
1120 人口知能は資本主義を終焉させるか
齊藤元章／井上智洋
1136 残念な職場　河合 薫

1162 なんで、その価格で売れちゃうの?　永井孝尚
1166 人生に奇跡を起こす営業のやり方　田口佳史／田村　潤
1172 お金の流れで読む　日本と世界の未来
ジム・ロジャーズ［著］／大野和基［訳］
1174 「消費増税」は嘘ばかり　髙橋洋一
1175 平成の教訓　竹中平蔵
1187 なぜデフレを放置してはいけないか　岩田規久男
1193 労働者の味方をやめた世界の左派政党　吉松　崇
1198 中国金融の実力と日本の戦略　柴田　聡
1203 売ってはいけない　永井孝尚
1204 ミルトン・フリードマンの日本経済論　柿埜真吾

［**政治・外交**］

318・319 憲法で読むアメリカ史(上・下)　阿川尚之
426 日本人としてこれだけは知っておきたいこと　中西輝政
745 官僚の責任　古賀茂明
746 ほんとうは強い日本　田母神俊雄
807 ほんとうは危ない日本　田母神俊雄
826 迫りくる日中冷戦の時代　中西輝政
841 日本の「情報と外交」　孫崎　享
874 憲法問題　伊藤　真
881 官房長官を見れば政権の実力がわかる　菊池正史
891 利権の復活　古賀茂明
893 語られざる中国の結末　宮家邦彦
898 なぜ中国から離れると日本はうまくいくのか　石　平
920 テレビが伝えない憲法の話　木村草太
931 中国の大問題　丹羽宇一郎
954 哀しき半島国家　韓国の結末　宮家邦彦
964 中国外交の大失敗　中西輝政
965 アメリカはイスラム国に勝てない　宮田　律
967 新・台湾の主張　李　登輝
972 安倍政権は本当に強いのか　御厨　貴
979 なぜ中国は覇権の妄想をやめられないのか　石　平
982 戦後リベラルの終焉　池田信夫
986 こんなに脆い中国共産党　日暮高則
988 従属国家論　佐伯啓思
989 東アジアの軍事情勢はこれからどうなるのか　能勢伸之
993 中国は腹の底で日本をどう思っているのか　富坂　聰
999 国を守る責任　折木良一
1000 アメリカの戦争責任　竹田恒泰
1005 ほんとうは共産党が嫌いな中国人　宇田川敬介
1008 護憲派メディアの何が気持ち悪いのか　潮　匡人
1014 優しいサヨクの復活　島田雅彦

1019 愛国ってなんだ　民族・郷土・戦争
古谷経衡［著］／奥田愛基［対談者］
1024 ヨーロッパから民主主義が消える　川口マーン惠美
1031 中東複合危機から第三次世界大戦へ　山内昌之
1042 だれが沖縄を殺すのか　ロバート・D・エルドリッヂ
1043 なぜ韓国外交は日本に敗れたのか　武貞秀士
1045 世界に負けない日本　薮中三十二
1058 「強すぎる自民党」の病理　池田信夫
1060 イギリス解体、EU崩落、ロシア台頭　岡部 伸
1066 習近平はいったい何を考えているのか　丹羽宇一郎
1076 日本人として知っておきたい「世界激変」の行方　中西輝政
1082 日本の政治報道はなぜ「嘘八百」なのか　潮 匡人
1083 なぜローマ法王は世界を動かせるのか　徳安 茂
1089 イスラム唯一の希望の国　日本　宮田 律
1090 返還交渉 沖縄・北方領土の「光と影」　東郷和彦
1122 強硬外交を反省する中国　宮本雄二
1124 チベット　自由への闘い　櫻井よしこ
1135 リベラルの毒に侵された日米の憂鬱　ケント・ギルバート
1137 「官僚とマスコミ」は嘘ばかり　髙橋洋一
1153 日本転覆テロの怖すぎる手口　兵頭二十八
1157 二〇二五年、日中企業格差　近藤大介
1169 韓国壊乱　櫻井よしこ／洪 熒
1180 プーチン幻想　グレンコ・アンドリー
1188 シミュレーション日本降伏　北村 淳
1189 ウイグル人に何が起きているのか　福島香織
1196 イギリスの失敗　岡部 伸
1208 アメリカ 情報・文化支配の終焉　石澤靖治

［**地理・文化**］

264 「国民の祝日」の由来がわかる小事典　所 功
465・466 ［決定版］京都の寺社505を歩く（上・下）
山折哲雄／槇野 修
592 日本の曖昧《あいまい》力　呉 善花
639 世界カワイイ革命　櫻井孝昌
650 奈良の寺社150を歩く　山折哲雄／槇野 修
670 発酵食品の魔法の力　小泉武夫／石毛直道［編著］
705 日本はなぜ世界でいちばん人気があるのか　竹田恒泰
757 江戸東京の寺社609を歩く 下町・東郊編
山折哲雄／槇野 修
758 江戸東京の寺社609を歩く 山の手・西郊編
山折哲雄／槇野 修
845 鎌倉の寺社122を歩く　山折哲雄／槇野 修
877 日本が好きすぎる中国人女子　櫻井孝昌
889 京都早起き案内　麻生圭子

890 反日・愛国の由来　呉 善花
934 世界遺産にされて富士山は泣いている　野口 健
936 山折哲雄の新・四国遍路　山折哲雄
948 新・世界三大料理
神山典士［著］／中村勝宏、山本豊、辻芳樹［監修］
971 中国人はつらいよ――その悲惨と悦楽　大木 康
1119 川と掘割“20の跡”を辿る江戸東京歴史散歩　岡本哲志
1182 京都の通りを歩いて愉しむ　柏井 壽
1184 現代の職人　早坂 隆

［人生・エッセイ］

263 養老孟司の〈逆さメガネ〉　養老孟司
340 使える！『徒然草』　齋藤 孝
377 上品な人、下品な人　山﨑武也
507 頭がよくなるユダヤ人ジョーク集　烏賀陽正弘
600 なぜ宇宙人は地球に来ない？　松尾貴史
742 みっともない老い方　川北義則
763 気にしない技術　香山リカ
827 直感力　羽生善治
859 みっともないお金の使い方　川北義則
873 死後のプロデュース　金子稚子
885 年金に頼らない生き方　布施克彦
900 相続はふつうの家庭が一番もめる　曽根恵子
930 新版 親ができるのは「ほんの少しばかり」のこと　山田太一
938 東大卒プロゲーマー　ときど
946 いっしょうけんめい「働かない」社会をつくる　海老原嗣生
960 10年たっても色褪せない旅の書き方　轡田隆史
966 オーシャントラウトと塩昆布　和久田哲也
1017 人生という作文　下重暁子
1055 なぜ世界の隅々で日本人がこんなに感謝されているのか
布施克彦／大賀敏子
1067 実践・快老生活　渡部昇一
1112 95歳まで生きるのは幸せですか？
池上 彰／瀬戸内寂聴
1132 半分生きて、半分死んでいる　養老孟司
1134 逃げる力　百田尚樹
1147 会社人生、五十路の壁　江上 剛
1148 なにもできない夫が、妻を亡くしたら　野村克也
1158 プロ弁護士の「勝つ技法」　矢部正秋
1179 なぜ論語は「善」なのに、儒教は「悪」なのか　石 平